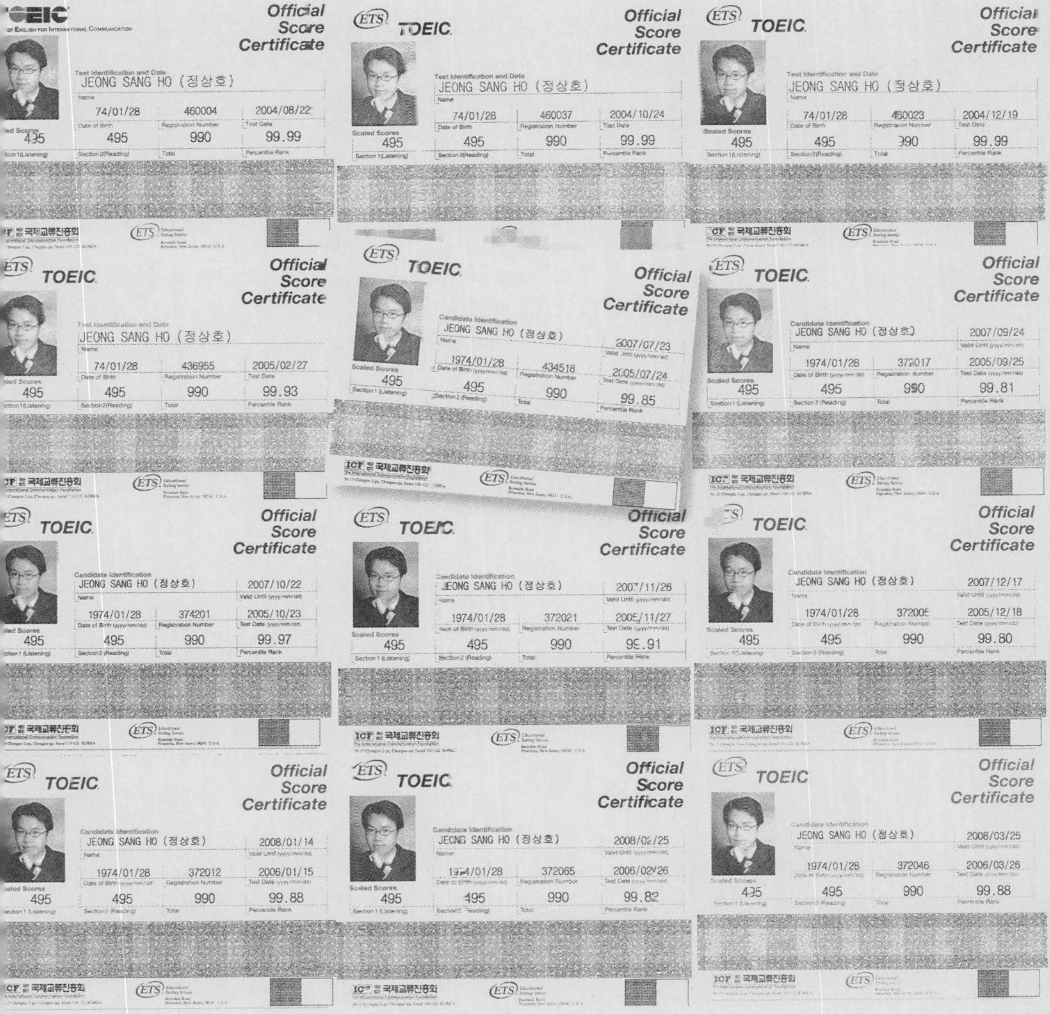

TOEIC Official Score Certificates

Name	Date of Birth	Registration Number	Test Date	Scaled Score (Listening)	Scaled Score (Reading)	Total	Percentile Rank
JEONG SANG HO (정상호)	74/01/28	460004	2004/08/22	495	495	990	99.99
JEONG SANG HO (정상호)	74/01/28	460037	2004/10/24	495	495	990	99.99
JEONG SANG HO (정상호)	74/01/28	460023	2004/12/19	495	495	990	99.99
JEONG SANG HO (정상호)	74/01/28	436955	2005/02/27	495	495	990	99.93
JEONG SANG HO (정상호)	1974/01/28	434518	2005/07/24	495	495	990	99.85
JEONG SANG HO (정상호)	1974/01/28	372017	2005/09/25	495	495	990	99.81
JEONG SANG HO (정상호)	1974/01/28	374201	2005/10/23	495	495	990	99.97
JEONG SANG HO (정상호)	1974/01/28	372021	2005/11/27	495	495	990	99.91
JEONG SANG HO (정상호)	1974/01/28	372005	2005/12/18	495	495	990	99.80
JEONG SANG HO (정상호)	1974/01/28	372012	2006/01/15	495	495	990	99.88
JEONG SANG HO (정상호)	1974/01/28	372065	2006/02/26	495	495	990	99.82
JEONG SANG HO (정상호)	1974/01/28	372046	2006/03/26	495	495	990	99.88

JN352986

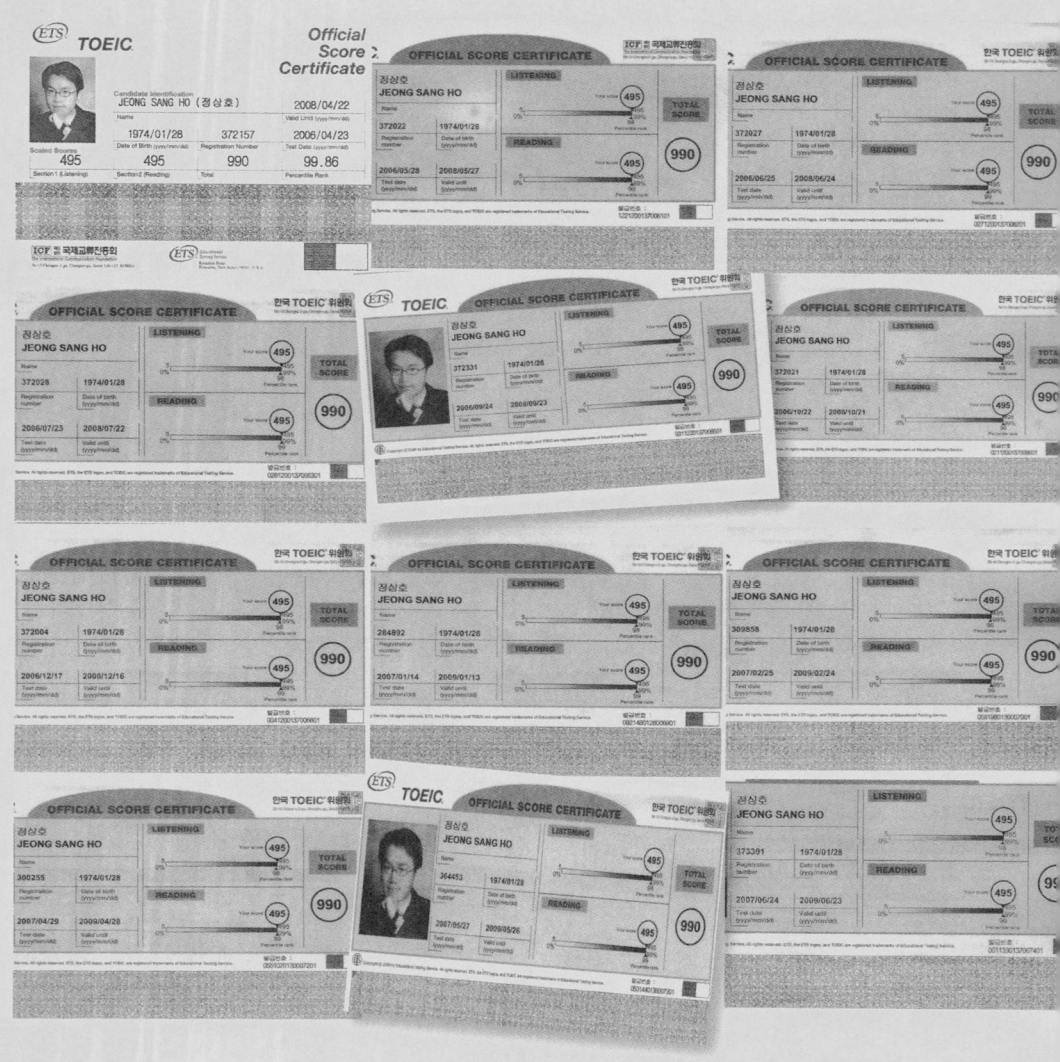

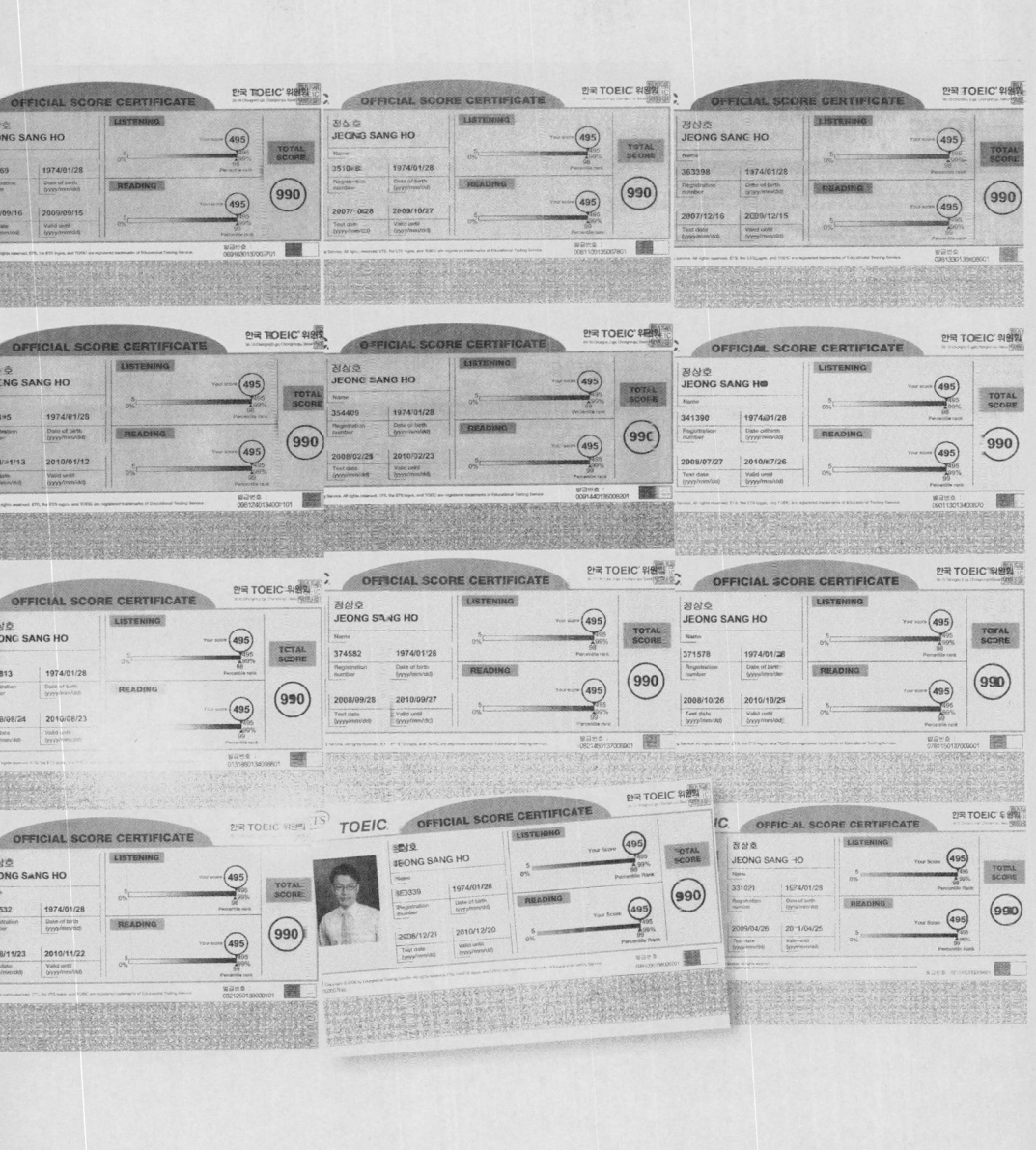

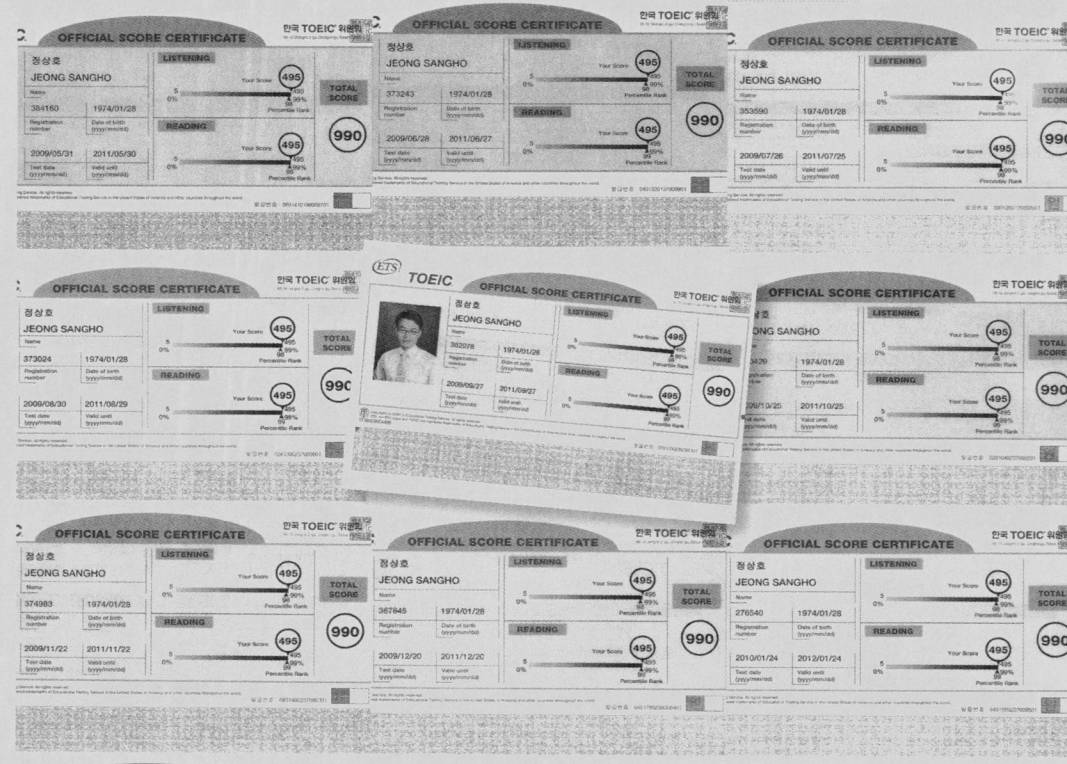

정상 강사의 토익만점 성적표들
2004년 8월~2010년 2월까지 총 46회

트익달인 정상의 영어공부법

토익달인 정상의 영어공부법

정 상 지음

살림

프롤로그

누구나 영어의 정상에 오를 수 있다

나는 영어강사다. 내가 가진 영어라는 지식으로 사람들에게 가장 직접적인 도움을 줄 수 있는 분야는 토익이라고 생각했다. 먹고 사는 문제를 해결해 줄 취직과 직결되는 시험이니 말이다. 그렇게 토익 분야에 발을 디딘 지가 벌써 6년이 조금 넘었다. 그동안 50회 정도 토익만점을 받았고 10만 명 이상의 수강생들을 길러 냈으며 50만 명 이상의 내 책의 독자들을 만나 보았다.

이런 나에게 영어에 대한 확실한 해결책을 원하며 찾아오는 사람들에게 그동안 내 책과 내 강의로 만족감을 안겨 줄 수 있었다고 자부하지만 늘 2퍼센트 부족한 감은 있었다.

확실히 나에게 의지하고 나와 함께하면 영어를 끝낼 수 있다. 그런데도 2퍼센트 부족한 마음이 드는 것은 그들에게 혼자 공부할 수 있는 힘을 길러 주지 못한 자책감 때문이다. 결국 공부는 누구나 혼자 해야 하는 건데 오히려 내가 너무 개입해서 혼자 할 수 있는 힘을 없애는 게 아닌가 하는 고민 말이다.

그런 고민에서 나온 책이 바로 이 책이다. 이 책을 읽고 많은 분들이 영어를 혼자 공부할 수 있는 힘을 갖추었으면 한다. 그러기 위해서 이런 분야의 책이 흔히 그러하듯이 고만고만한 소리가 되지 않기 위해서 많은 노력을 기울였다. 내가 그동안 영어를 완성하기 위해서 걸어온 길을 솔직하게 보여 주려고 애썼다. 여러분이 영어를 좋아하고 즐겁게 공부할 수 있도록 안내도 했고 때로는 못난 학생들 얘기를 하며 호된 소리도 아끼지 않았다.

누군가 나에게 전 국민을 대상으로 딱 2시간만 시간을 주었으면 좋겠다. 그리고 전 국민이 2시간만 내 얘기에 귀를 기울였으면 좋겠다. 2시간 만에 전 국민이 영어를 잘할 수 있게 해 주겠다는 허풍은 치지 않겠다. 하지만 난 2시간이면 전 국민이 영어를 스스로 공부할 수 있게 할 수 있다. 그건 확실히 자신 있다. 그런 자신감을 이 책에 담아냈다(부록에 동영상 CD를 수록한 것도 그 때문이다). 여러분의 영어가 즐겁도록, 스스로 할 수 있도록 늘 현장에서 여러분과 함께하겠다는 약속을 드린다.

이 책이 있기까지 도움을 주신 출판사 관계자분들과, 무엇보다 나의 소중하신 은사님들, 함께 공부해 준 친구들, 그리고 좀 더 잘 가르칠 수 있도록 질문을 쏟아내 주신 수강생 분들과 내 책의 독자 분들에게 진심으로 감사함을 전한다.

정 상

CONTENTS

프롤로그_ 누구나 영어의 정상에 오를 수 있다   04

제1장_ 영어, 제대로 공부하라

영어로 〈퀴즈 대한민국〉에 서다	10
영어공부 꼭 해야 하나요	14
나는 얼마나 초짜인가	19
초짜에게 꼭 필요한 것은	23
어설픈 독학은 시간 낭비, 돈 낭비	28
5형식만 알면 영어가 뚫린다	33
좋은 스승을 발견하는 것도 능력이다	37
나의 첫사랑, 영어 선생님	42
좋은 영어책 고르는 법	47
제대로 된 책과 선생님 찾기	52
'이것만 해라', '이것 절대 하지 마라'는 책들	58
빨리 여러 번 반복해서 공부하기	62
영어에 대한 몇 가지 선입견	66
할 수 있는 만큼만 공부해라	72
영어공부에도 시크릿이 있다	76

제2장_ '지독한 마음'을 가져라

혼자는 외로워	83
스터디를 활용하라	88
가르칠 때 가장 빨리 배운다	93
영어공부할 때는 노름도 괜찮다	97
밥 사 주며 영어 가르치기	100
실력이 쑥쑥 자라는 거울학습법	103
투입량이 많아야 산출량도 많다	106
영어공부에 군인도 예외없다	109
회화냐 문법이냐 그것이 문제로다	113
문법을 피하는 이유	118
용기 있는 자가 미인을 걷는다	123

제3장_ 토익달인의 영어공부 기술

토익달인의 노트정리비법 '트리플 노트'	129
구문분석 활용법	134
어휘, 이렇게 끝내라	140
독해는 사전이 아니라 문법에 답이 있다	145
한방에 직독직해가 해결되는 비결	149
매일 듣는데 왜 귀가 안 뚫릴까	154
자막 없이 시트콤 좀 보자	157
영작이 잘되면 회화도 잘된다	161
받아쓰기와 따라 읽기 공부법	165
영어의 깊이를 더해 주는 사전공부법	168
어학연수 꼭 가야 할까	172
전화영어와 학원의 효과	175
온라인 강의는 효과가 있을까	178
초보자를 위한 영자신문 활용법	181

제4장_ 영어의 달인이 되라

토익이 900인데 말 한마디 못한다고?	187
부끄러움은 성공을 방해한다	191
영어 슬럼프 대처법	195
영어를 완성시키는 6가지 습관	199
영어에 실패하는 6가지 습관	202
토익 실전 시간관리 전략	205
뉴토익에 맞는 맞춤형 학습법	210
토익만점자는 이렇게 공부한다	213
완벽주의를 버려라	217
영어로 꿈을 꾼다면 달인의 경지	221
자신감 넘치는 영어면접 준비법	224
토익달인이 추천하는 인터넷 영어공부법	227
영어 콤플렉스를 극복하자	231
토익 고득점 후기: 3개월 만에 500점에서 975점으로	234
국내 최단기 최다 토익만점의 비밀	244
영어의 달인이 되면 달라지는 것들	246
이제는 나도 토익달인	250

에필로그_ 영어의 정상에서 만납시다   254

| 제 1 장 |

영어, 제대로 공부하라

Slow and steady wins the race.
천천히 그리고 꾸준히 하면 경주에서 이긴다.

영어로 〈퀴즈 대한민국〉에 서다

하루의 열띤 강의를 끝내고 나면 몸과 정신 상태는 혼곤해질 정도지만, 영어의 맛을 알아 가는 학생들의 모습을 보면 마음은 늘 기쁨으로 넘친다. 그날도 강의에 온 에너지를 쏟아붓고 난 후 지친 나머지 의자에 앉아 축 늘어져 있었는데 휴대전화 진동이 울렸다.

"안녕하세요? 저는 KBS 〈퀴즈 대한민국〉이라는 프로그램의 작가입니다."

"아, 네, 그런데요?"

"다름 아니라 저희 프로그램 보신 적 있으신가요?"

"그럼요. 거의 매주 보는데요."

"아, 감사합니다. 저희가 '수석들의 대격돌'이라는 이름으로 설날 특집 프로그램을 구상하고 있어요. 그래서 각 분야의 최고인 분들을 섭

외하는 중입니다. 선생님, 시간되시면 영어 분야 대표로 출연하실 수 있으세요?"

"저요? 제가 영어 분야 대표로 나간다고요?"

태연한 척했지만 솔직히 놀라움과 기쁨으로 가슴이 두근거렸다. 중학교 때부터 지독하다는 소리를 들을 정도로 영어공부에 매달렸던 것, 이제는 아예 직업이 되어 버린 영어와의 인연, 피곤해도 매달 꼬박꼬박 토익을 치른 후에 점수를 공개했던 성실성 그리고 직접 본 시험을 토대로 가장 최적화된 수업을 하기 위해 쏟아부었던 그간의 노력이 인정되는 것 같아 말할 나위 없이 기뻤다. 당시 그 프로그램에는 외무고시 수석합격자, 한의사시험 수석합격자, 한국어능력시험 수석합격자 같은 수재들이 출연했고, 나는 당당히 대한민국의 영어강사를 대표하여 그 자리에 섰다.

나는 내가 이 세상에서 영어를 제일 잘하는 사람이라고 생각하지 않는다. 그러나 영어를 제일 잘 가르치는 사람이라고는 자신 있게 말할 수 있다. 수업시간에 마주치는 초롱초롱한 눈망울의 학생들, 정말 기초도 모르던 녀석들이 영어를 재밌어하고 공부하고 싶어 하는 것을 볼 때 나의 자부심은 공허한 메아리는 아니라 믿는다. 나는 내가 제일 잘하는 일을 직업으로 삼았고 많은 학생들과 내 책을 아껴 주는 독자들까지 가지고 있으니, 정말 이 세상에 부러울 게 없는 사람이다.

나는 정말 분에 넘칠 정도로 주위 사람들의 사랑을 받고 있다. 그것은 비단 강의나 책 판매로 생활이 여유로워졌음을 말하는 것이 결코 아니다. 이름 모를 학생이 교탁 위에 놓고 간 시원한 음료수 한 병, 선생님이 오늘은 피곤해 보인다며 질문을 품고 돌아서는 학생의 뒷모습에서 '내가 사랑을 많이 받고 있구나.' 하고 느끼곤 한다. 그래서 나도 내가 가진 재능을 이용해서, 분에 넘치는 사랑에 보답해야 마땅하지 않을까 하는 생각이 든다.

아직도 주위를 돌아보면, 영어로 인해 고통받고, 영어 때문에 진정으로 하고 싶은 일들을 하지 못해 좌절하는 사람들이 많이 있다. 그렇다. 내가 할 일은 바로 이것이다. 어떤 이유에서든, 이 책을 집어든 사람들에게 올바르고 효과적인 방법을 전달해야 하는 것이다. 그렇게 하기 위해서는 바로 내가 걸어온 길을 솔직하게 전달하는 것이 가장 좋을 것 같다.

난 정말 죽어라 영어공부를 했다. 요즘은 초등학생들도 흔하게 가는 어학연수 기간은 고작 2개월이 전부였다. 한국에서만 실력을 키워 온 순수 토종 강사다. 책을 집필하자는 출판사의 제안에 응하게 된 이유도 바로 그것이었다. 외국에서 오래 살다 오면 영어를 잘하는 것이 당연하다. 그러나 상당수의 사람은 그럴 기회를 가지기 어렵다. 그러면 모두 좌절해야 하는가? 아니다. 분명히 방법이 있다. 내가 그 증거다. 어학연수 겨우 2개월, 그렇지만 "현재까지 토익 최단기 최다 만점 기록을 연이어 갱신하고 말하기와 쓰기 시험에서도 최상위레벨을 받은 사람이니 내가 그 증거다."라고 자신 있게 말할 수 있다.

단연코 영어에 '왕도'는 없다. 하지만 '올바른 길'은 있다. 이 책에서 그 올바른 길을 제대로 가는 방법을 소개할 것이다. 바로 내가 걸어왔던 길을 말이다. 구구절절한 이야기보다는 읽고 실천하면 바로바로 효과가 나타나는 한 마디 한 마디로 이 책을 채워 나가려고 한다.

영어공부 꼭 해야 하나요

"선생님, 진짜 열심히 해 봤는데, 실력이 늘지 않아요. 영어 정말 싫어요!"

학생들과 면담할 때 가장 자주 듣는 푸념이다. 그럴 때면 참 안타까운 마음이 들어, 어떻게 하면 이 학생이 영어에 재미와 열정을 느끼게 할 수 있을지 진지하게 고민한다. 어쩌면 이런 불평은 누구나 한 번쯤 해 봤을 것이다. 나도 한때 그런 생각에 가득 차 있을 때가 있었다. 하지만 나는 그런 고민을 이겨 냈고, 이제는 대한민국 최단기 최다 만점 토익강사라는 수식어가 앞에 따라 다니는 인기강사가 되었다. 따라서 바로 이 책이 이런 고민에 대한 확실한 해결책이 되리라 자신한다.

나는 하루에 10시간 이상을 강의한다. 아침 수업이 7시부터라 아침은 간단한 과일 정도, 점심도 바쁜 일정 사이에 간단히 때우는 편이다.

저녁은 강의가 다 끝나고 10시 이후에나 먹게 된다. 간단한 저녁 식사 이후에는 여러 인터넷 사이트에 올라오는 영어질문에 답하다가 새벽 1시쯤에 자고 다시 5시 30분에 일어나서 하루 일과를 시작한다. 주말도 특강과 교재 집필, 동영상 강의 촬영 등으로 쉴 틈이 없다. 더 바쁜 분도 있겠지만, 이 정도면 꽤나 분주한 삶이 아닐까?

이런 일과 속에서 내가 이 책을 굳이 쓰게 된 이유는 단 한 가지다. 바로 안타까움이다. 잘못된 영어공부법에 현혹되어 이리저리 시간을 낭비하다가 결국 영어를 포기하는 수많은 사람들에 대한 안타까움 말이다. 외국에 살아 본 적 없이 순수한 국내파로서 영어를 정복한 경험담을, 바로 그 비밀을 털어놓고 싶었다. 많은 사람들이 나의 방법을 따라 하면 틀림없이 효과가 대단하리라 믿기 때문이다.

여기서 잠시, 이렇게 힘들고 재미도 없는(?) 영어를 도대체 왜 공부해야 되는 것일까에 대해 생각해 보자. 왜 해야 하는지 그 이유를 확실히 알면 아무리 흔들어도 할 만한 의지가 생기고 동기부여가 될 것이다.

먼저 영어를 공부하면 얻게 되는 이점들이 뭐가 있을까?

첫째, 영어는 대학입학과 취업의 가장 강력한 무기다. 누군가 이런 말을 하는 것을 들었다. 수학은 대학을 결정하지만 영어는 평생의 삶을 결정한다고. 전적으로 맞는 말이다! 나도 대학 입학 이후로는 수학을 접할 일이 없었다. 하지만 영어는 대학을 결정할 뿐 아니라 취업→승진→이직→창업에까지 영향을 미친다. 한마디로 영어는 먹고사는 문제를 결정짓는 가장 중요한 요소이며, 한 사람의 능력을 측정하는 가장 중요한 척도가 되어 버렸다. 최근 일간지에 실린 기사를 보면 토익 600점대의 평균연봉은 1,200만 원, 900점대는 3,500만 원이라고 한다. 이 놀라운 통계자료는 결코 영어나 토익을 가볍게 볼 수 없음을 반증한다.

둘째, 정보를 가진 자가 바로 돈을 가진 자다. 독자들이 국내뉴스로 국제적인 소식을 접하게 될 때 보통 그 소식들은 꽤 시간이 지난 죽은 정보일 확률이 높다. 어떤 기사가 나오면 번역되고 정리되어 우리나라에 나오는 데 얼마간의 시간이 걸리기 때문이다. 그러면 생각해 보자. 여러분들이 영어를 잘 읽거나 들을 수 있어서 남보다 빨리 국제적인 정보를 습득할 수 있다면 어떨까? 남보다 앞서 나갈 수 있을 것이다. 요즘 시대처럼 정보가 생명인 시대에 남보다 정보를 빨리 습득한다는 것은 경쟁에서 우위에 설 수 있다는 소리다.

그까짓 거 조금 늦게 보면 어떠냐고? 그럼 이런 정보를 하나 더 제시하겠다. 우리는 대부분 모르는 것이 있으면 인터넷창을 열어 지식 검색을 한다. 거기에서 우리가 보는 한글로 된 정보는 인터넷에 떠다니는 총 정보량의 1퍼센트에 불과하다. 놀라지 마라. 나머지 99퍼센트는 영어를 모국어로 하는 사람들이 접하는 정보라는 충격적인 보고서가 있다. 그러면 영어를 못하는 사람은 이 세상과 99퍼센트 단절된 채, 1퍼센트의 정보에 의존하여 살아가는 셈이다. 눈 가리고 귀 막고 사는 것이다. 자, 정보를 가진 자가 곧 돈을 가지는 자가 되는 세상이다. 이런 시대에 당연히 영어를 잘해야 되지 않겠는가?

셋째, 영어를 알면 인생이 즐겁다. 앞서 말한 두 가지 이유는 매우 현실적이며, 경제의 논리에서 본 영어의 효용성이라 볼 수 있다. 잠시 한 박자 쉬어 가 보자. 우리가 접하는 상당수의 대중문화가 영어를 기반으로 하고 있다. 우리가 좋아하는 할리우드의 블록버스터

영화들, 어디선가 듣고 흥얼거리게 되는 팝송들, 유명한 소설, 희극, 시 등 길거리 예술부터 최고급의 예술에 이르기까지, 우리는 영어를 기반으로 하고 있는 문화를 접하고 있다. 문화적 사대주의라고? 그러나 엄연한 현실이다. 무조건 배척하지 말기 바란다. 전 세계를 사로잡고 있는 영어기반의 예술을 충분히 즐기고 익히면, 그것을 뛰어넘는 더 훌륭한 예술가들이 우리나라에도 나타나게 될 것이니까. 아니 꼭 예술가가 아니어도 좋다. 평범한 사람들도 이런 문화를 원어, 즉 영어로 즐기고 싶다는 욕구를 분명히 가질 수 있다.

"에구, 그런 소릴랑은 나두 다 알아요. 근데 도대체 어떻게 허야 잘하느냐구욧!"

이런 푸념이 들리는 것 같다. 하지만 이 책을 끝까지 읽는 사람, 그리고 내가 말하는 것을 실천하는 사람에게 그에 대한 해답이 주어질 것이다. 또한 위에서 언급한 영어를 잘하게 되어 생기는 혜택을 얻게 될 것이다.

다시 말하지만 나는 유학 경험도 없는 순수 국내파 영어강사다. 순수 국내파라는 점은 보는 눈에 따라 장단점이 될 수 있을 것이다. 하지만 개인적으로는 이를 절대 부끄럽게 생각하지 않는다. 국내파로서의 고충을 알기에 학생들을 더 잘 가르칠 수 있기 때문이다. 여태까지 내가 실력을 쌓아왔던 비밀을 이제 이 책에서 다 풀어 보려고 한다. 자, 여러분 모두 그 비밀을 남김없이 자신의 것으로 만들어 나보다도 더 영어를 잘하게 되기를 진심으로 바란다!

토익달인의 조언

영어로 20만 원짜리 공짜 적금 들기

"영어를 잘하면 매월 20만 원을 무료로 넣어 드립니다."

얼마 전 일간지에 실린 신문기사 내용이다. 영어를 잘하는 사람과 그렇지 못한 사람 사이에 월 급여의 차이를 평균 잡아 발표한 수치다. 생각해 보자. 월 20만 원씩? 30년 동안 직장생활을 한다면? 언뜻 생각해 봐도 1억 이상의 적금이 남들보다 더 생기는 셈이다.

자, 황금알을 낳는 20만 원짜리 적금! 지금이라도 공짜로 가입하려면 이 책을 끝까지 읽기 바란다. 그리고 실천에 옮기자. 여러분의 미래에 큰 도움이 될 것이다!

나는 얼마나 초짜인가

"잘은 못하지만 어느 정도는 된다고 생각해요. 실력이 바닥은 아니에요."

일단 여러분이 영어를 해야겠다고 생각이 들었다면 자신의 실력을 적나라하게 파헤쳐 볼 필요가 있다. 다시 한 번 강조한다. '적나라하게'다. 대부분의 사람들은 자신의 실력을 어느 정도 믿는 편이다. 동의하지 않는 사람도 있을 것이다 하지만 대부분의 경우 "어느 정도는 되겠지."라는 생각을 가진 사람들이 많다. 단언하건대 그런 생각은 실력 향상에 전혀 도움이 되지 않는다. 일단 여러분들이 얼마나 초짜인지를 볼 필요가 있기 때문에 내가 생각한 초짜의 기준을 몇 가지 소개하겠다. 다음 4가지 항목을 잘 읽어 보고 자신의 실력을 한 번 체크해 보기 바란다.

첫째, 영어로 자기소개를 해 보라. 이는 회사를 들어가든, 직장에서 외국인을 만나든 가장 기초가 되는 부분이다. 아주 거창하고 길게 하는 것을 원하는 것이 아니다. 간단하게 누군가에게 나는 누구라고 소개하는 것이다.

"My name is 홍길동."

그다음 할 말이 생각 안 나는가? 그렇다면 당신은 초짜임에 틀림없다. 당신은 얼마나 자신에 대해 말할 수 있는가? 적어도 1분 이상, 그리고 상대에게 자신을 각인시킬 수 있는 그런 이야기를 영어로 할 수 있어야 한다.

둘째, 의문문과 부정문을 만들 수 있는가? 내가 처음에 학생들을 가르치면서 가장 충격을 받았던 부분이다. 가정법? 접속사? 이런 복잡한 문법은 모를 수도 있다. 그러나 의문문을 만들고 부정문을 만드는 것은 기본 중에 기본이다. 대단한 문법이 필요한 것도 아니다. 바로 내가 하고 싶은 말을 표현하기 위한 아주 기초가 되는 부분이다. 솔직하게 말하자. 못 만드는가? 그럼 당신은 이 책을 보아야 할 충분한 이유가 있는 사람이다.

셋째, 영어로 된 글이 편한가, 우리말로 된 글이 편한가? 영어만 보면 울렁증이 생기는가? 사전 없이는 영어로 된 글을 볼 엄두도 안 나는가? 영어만 보면 어디 번역본이 없나 찾아보고 싶은가? 영어로 된 글을 길게 읽는 것은 부담감이 너무 큰가? 모두가 문법에 치우친 영어는 잘못된 영어라고 지적한다. 그럼 해석은 잘하는가? 결국 문법도 모르고 해석도 못한다? 그럼 당연히 말로 할 수도 없고 들을 수도 없다는 뜻이다. 그럼 인정하자. "난 이 책을 끝까지 봐야겠구나."라고.

넷째, 하고 싶은 말을 영어로 쓸 수 있는가? 회사에 취업하려고 할 때, 영어로 자기소개서를 쓰는 것이 엄두도 안 나는가? 영어면접이 두려운가? 어찌어찌해서 회사에 입사했는데, 영어로 업무와 관련된 이메일을 써야 하는 상황이다. 이럴 때 당신은 주로 혼자서 일을 처리하는 편인가? 아니면 누군가에게 혹은 인터넷 지식 검색에 의존하는 편인가? 혹시 여기저기서 모범예문을 찾아 짜깁기 하지는 않는가? 혹은 짜깁기마저 할 줄 모르는가?

이는 각각 영어의 가장 기본적인 부분을 일상생활에서 가장 빈번히 만나는 상황에 적용시켜 본 것이다. 자, 냉철하게 자신을 드러내 보자. 위의 것들을 어느 정도 할 수 있는가? 그렇다고 대답하신 분들은 영어 공부를 하고자 하는 의지가 있고 기초적인 실력은 가지고 있다는 뜻이다. 하지만 그렇지 않은 분들은 많은 고민을 하게 될 것이다. 과감하게 자신의 현실을 인정하자. 자신의 실력이 바닥이라고 인정하는 것도 좋은 일이다. 부끄러워 감추는 것이 더 나쁜 것이다. 예로부터 병은 널리 알리라 했다. 그래야 누군가 고쳐 줄 것이다. 자신의 현 위치를 인정하고 발전해 나가는 것이 올바른 것이다.

> **토익달인의 조언**
>
> **I am? i am?**
>
> 이 글을 쓰다 보니 기억나는 수강생이 한 명 있다. 졸업을 앞둔 모대학 영문과 학생이었는데 영어로 된 자기소개서에 온통 "i am……. i am……. i am……." 이렇게 쓴 학생이 있었다. 실화다. 1인칭 I가 대문자인지 소문자인지도 모르는 영문과 학생의 이야기다. 대문자로 써야 한다는 나의 지적에 그 학생은 심지어 이렇게까지 질문했다.
> "그럼 대명사는 대문자로 쓴다는 뜻이에요?"
> 내가 얘기하고 싶은 것은 과감하게 바닥을 인정하자는 것이다. 진부한 얘기로 들릴 수도 있지만 못하는 게 나쁜 게 아니다. 자신의 본 실력을 인정하지 않는 게 잘못된 거다.

초짜에게 꼭 필요한 것은

'나에게도 영어 초짜시절이 있었을까? 당연히 초짜 시절이 있었겠지.' 하면서 기억을 더듬어 본다. 나름 영어를 잘한다고 자부하던 중학생 시절의 이야기다. 형 친구 중에 한 명이 우리 집에 와서 함께 자게 되었다.

"너, 영어 잘한다며?"

"응."

"너, 의문문, 부정문 만들 줄 알아?"

"어어? 음……."

나는 이날 발가벗겨진 듯한 창피함을 느꼈다. 평소 잘한다고 생각했던 내 영어실력의 바닥이 여실히 드러난 날이었다. 의문문과 부정문이 써 있으면 해석이나 할 줄 알던, 기껏해야 그런 실력이었으면서, 영어책에 나오는 본문을 달달달 외워서 그대로 나온 거 빈칸이나 메워 넣는 그런 실력이었으면서, 100점 맞으면 영어 다 잘하는 건 줄 알았던 것이다.

그날 나는 평소와 달리 아주 늦은 시간에 잤다. 그리고 다음 날 피곤하지만 아주 뿌듯한 기분으로 일어났다. 지난밤 나는 의문문과 부정문을 만드는 방법을 여러 책을 통해 확실히 정복하고 난 후에야 잤던 것이다. 원리만 깨우쳤을 뿐 아니라 아주 많은 문장을 가지고 여러 번 연습을 했다.

그날 그 형의 한마디가 없었다면 오늘의 내가 있을 수 있었을까? 돌이켜 생각해 보면 너무나 고마운 순간이 아닐 수 없다. 덕분에 중학교 수준의 영어에 만족하지 않고 더 차원 높은 영어의 세계를 경험할 수 있었고 자만하지 않고 늘 노력하는 자세를 가지게 된 것이다.

나의 경우엔 초짜로서 이런 계기를 가졌던 것이 발전의 밑거름이 되었다. 이 책의 독자들, 특히 초보자들의 경우 가장 필요한 것이 무엇일까? 좋은 선생님? 좋은 책? 틀린 말은 아니다. 그러나 이런 것들보다 더 중요한 것이 있다. 바로 나의 마음가짐이다.

'나는 영어를 좋아해.'

'나는 영어공부가 즐거워 죽겠어.'

사실이 아니어도 좋다. 영어를 공부하려고 책을 마주하고 앉을 때마다 일부러라도 이런 말을 몇 번이고 되뇌며 책을 향해 한 번씩 말하고 웃어 주자. 이걸 실천하는 사람과 그렇지 않은 사람의 1년 후, 2년 후 모습은 아주 많이 달라져 있을 거라고 강력히 믿는다.

"선생님, 그거 좀 시시한 얘기잖아요?"라고 말하는 사람도 있을 것이다. 하지만 이게 제일 중요한데 어떻게 하겠는가? 즐거운 마음, 좋아하는 마음이 없으면 아무리 좋은 선생이 아무리 좋은 책을 가지고 가르쳐도 결과는 똑같다. 별 도움이 되지 않는 것이다. 하지만 애정이 있다면 어떨까? 나도 영어에 애정을 가지고 있어서 이 자리까지 오게 되었다고 생각한다. 물론 영어공부하기가 싫을 때도 있었을 것이다. 싫을 때가 '있었다'는 것이 아니라 '있었을' 것이라는 표현을 주목해 보자. 나는 실제 그런 마음이 들려고 할 때면 어김없이 주문을 외우곤 했다.

'난, 영어가 좋아, 너무 재밌어, 씨~익.'

이런 세월을 지속적으로 가졌으니, 싫어했던 적이 있었다는 생각이 들지 않는 것이다. 늘 좋아해 왔다는 생각만 남는 것이다. 비록 인위적이라 할지라도, 이런 긍정적 생각이 반복되면 결국 우리의 뇌는 거기에 적응되어 실제로 좋아한다고 믿게 되고 좋아하게 되는 것이다.

"에이, 그래도 재미없는 것을 어떻게 재미있다고 계속 생각합니까?"

저런, 벌써 마음을 닫고 있는 당신의 그 자세가 나는 안타깝다. 나를 믿고 이 책을 택했으면 내가 권하는 것을 하는 척이라도 해 보아야 하지 않을까? 해 보자. 반드시 그대로 된다!

꼭 공부가 아니어도 좋다. 영어에 대한 관심이 중요한 것이다. 아마도 여러분은 신문에서 정치면은 잘 안 볼 것이다. 1면에 대문짝만 한 사진과 함께 크게 기사가 실려도 절대 보지 않는다. 이유는 간단하다. 관심이 없으니까. 그런데 혹시 연예인 누가 무슨 범죄를 저질렀다는 기사는 아무리 조그맣게 나와도 어떻게든 찾아내 끝까지 읽는다.

그럼 어떻게 영어에 재미를 붙일까? 나는 먼저 영어를 매일 접하는 습관을 들였다.

대부분의 신문 구석에 보면 영어, 일본어, 중국어 등이 하루 분량으로 짧게 소개되는 코너가 있다. 스포츠 신문이든 경제 신문이든 무가지 신문이든 다 있다. 나는 이 코너를 중학교 때부터 꾸준히 봐 왔다. 무엇보다 마음에 드는 점은 짧고 간결하다는 것이다. 처음에는 그냥 표현이 재미있어서 보기 시작했는데 어느 시점에서 이런 생각이 들었다. '이렇게 하루에 하나씩 보면 1년이면 365개, 2년이면 730개, 3년이면……'

이런 식으로 계산을 해 보니 나중에 큰 도움이 될 것 같아서 아예 습관으로 만들어 버렸다.

솔직히 공부라는 생각을 가지고 본 것은 아니었지만 시간이 지나면서 이것이 쌓여 영어에 대한 관심으로 변해 갔다. 그리고 오랜 시간이 지난 지금은 이것이 나의 큰 자산이 되었다. 대단히 어려워 보이는 영자신문 얘기가 아니다. 일반 신문이다. 처음부터 영자신문을 보면 영어에 대한 두려움이 더 커질 것이다. 정치기사만 탁 보이면 넘겨 버리듯, 영어표현만 나오면 그냥 탁 넘겨 버리는 사람은 결코 영어에 관심이 있다고 말하기는 어려울 것이다.

둘째, 나는 팝송을 닥치는 대로 듣기 시작했다. 음악 듣는 것을 원래부터 좋아한 나는, 기왕 듣는 거 팝송을 듣기로 마음먹었다. 팝송을 들으면 공부한다는 느낌도 있고, 부모님도 뭐라 하지 않을 거라는 얄팍한 계산(?)도 숨어 있었던 것 같다. 한때 빌보드 차트를 1위부터 100위까지 외우고 다닐 정도로 팝송을 많이 들었다. 처음엔 그냥 멜로디 위주로만 들었는데 점차적으로 가사에도 관심을 가지게 되었고 스스로 해석하여 그 뜻을 알아 가는 것에도 재미가 생겼다. 영어로 되어 있는 노래를 자주 듣고 또 그 가사를 보다 보니 영어에 더 관심을 가지게 된 것이다.

　팝송을 너무 좋아해서 돈이 모이면 바로 테이프, CD 등을 사서 들었던 기억이 아직도 난다. 지금도 좋아하는 음악가는 퀸(Queen)이라는 밴드다. 얼마 전까지만 해도 내 휴대폰의 벨소리는 퀸의 'We will rock you'라는 노래였다. 나는 정말 이 밴드를 미치도록 좋아해서 밴드에 관한 모든 것을 알고 싶었다. 국내 잡지뿐만 아니라 해외 잡지 그리고 인터넷이 대중적으로 보급된 후에는 해외 사이트에서 이 밴드의 자료를 찾아봤다. 팀원들의 성격, 고향, 취미 등 아주 잡다한 것까지 영어로 확인해 보았는데 소수만 아는 정보를 접할 수 있어 재미가 쏠쏠했다.

　자, 이처럼 여러분들이 관심 있어 하는 해외 스타들에 관련된 내용을 찾아보는 것도 큰 도움이 된다. 영어만 보면 짜증나는 분들은 게임, 영화, 음악, 소설 등등 자신이 좋아하는 분야를 찾아보는 게 좋은 방법이 될 것이다.

　결국 앞서 말한 두 가지 습관들이 나의 지금을 만드는 기초가 되었던 것 같다. 말하자면 이 두 가지는 나의 비밀이다. 독자들도 느끼시겠지만 아주 가볍고 쉬운 것들이다. 신문에 영어 코너야 그냥 한번 쓱 읽어 보면 되는 것이고 팝송 노래도 부담 없이 그냥 듣는 것이다. 누구나 이렇게 영어의 매력을 자신만의 방법으로 발견해 내야 한다. 그래야 관심이 가고 스스로 재미를 느껴 더 하게 되는 것이다. 다시 한 번 강조하지만 가볍게 다가서길 바란다. 가볍게.

어설픈 독학은 시간 낭비, 돈 낭비

오늘도 한 학생이 상담을 받으러 왔다. 나이도 비교적 있어 보이는 한 남학생이었다.

"선생님, 토익 성적이 급합니다."

(그래 급하겠지. 왜 이제야 왔니, 이궁…….)

"그래……. 몇 학년이니?"

"다음 달에 졸업합니다."

(아주 많이 급하겠구나. 좀 더 빨리 오지 그랬어!!)

"그래……. 몇 점이 필요하니?"

"최소한 700점은 필요합니다."

(700점? 그래, 그건 그렇게 어렵진 않아. 내가 도와줄 수 있겠다!)

"그래? 그럼 지금 점수는?"

"시험은 2년 전에 한 번 봤고요. 지금은 잘 모르는데……."

(졸업이 한 달 남았는데, 시험 본 게 2년 전이야? 너도 참…….)

"그래, 2년 전 점수라도, 몇 점인데?"

"300점 정도예요."

(이제는 안타까움이 아니라 화가 나네. 아니 어떻게 자기 인생을 이렇게 함부로 방치하나?)

"왜 이렇게 그동안 안 했니?"

"고등학교 이후로 영어를 손에서 놨어요."

"좀 들고 있지 그랬니?"

내가 자주 겪는 학습상담이다. 여러분은 뭘 느끼는가? 별 상담 내용 같지도 않은가? 맞다. 이건 상담도 아니다. 하나가나한 얘기를 하고 있다. 수많은 세월을, 10년도 훨씬 넘는 시간을 여터 뭐 하다가 졸업을 코앞에 둔 시점에서 급하다고 찾아오는가? 이렇게 허송세월한 사람들의 공통된 특징이 아주 짧은 기간 내에 급격한 점수의 상승을 바란다는 것이다. 공부를 안 해 봤으니 이런 소리를 한다. 공부를 해 본 사람이라면 300점 대에서 700점 대로의 점프가 1개월에 가능한 일은 절대로 아니란 점을 스스로 안다.

그저 좋다는 책을 찾아 앞에만 조금 보고 이런저런 핑계를 대며 세월을 보내다 결국 이런 지경에 이르는 사례를 많이 보았다. 하나의 예를 들어 보자. 세계적인 프로골퍼가 되고 싶다고 하자. 과연 맨날 필드에 나가 공만 치면 늘까? 절대 아니다. 허리디스크에 걸리지 않으면 다행이 아닐까 싶다. 좋은 캐디(그저 골프채를 들고 따라다니는 사람이 아닌 전문적인)나 좋은 코치가 있다면 훨씬 빨리 정상의 자리에 설 수 있을 것이다. 돈이 많이 들까 봐 걱정인가? 열심히 해서 우승하면 그 돈 쉽게 되지 않겠는가?

영어공부에 돈이 얼마나 들까? 책 몇 권, 학원 몇 개월, 어학연수까지……. 아, 정말 돈이 많이 들긴 든다. 그러나 정말 돈으로 따져 보면 수십만 원에서 1,000만 원 이내다. 물론 그 돈과 시간은 학습자의 노력에 따라 얼마든지 줄어들 수 있으며, 1,000만 원이 든다고 해도, 나중에 좋은 직장을 잡는다면 불과 2~3개월 월급이다. 그 정도면 아낄 필요가 없다고 본다.

10년을 혼자 고생하느니 더 빠르고 효과적인 영어 정복을 위해서 어느 정도의 돈을 쓸 각오를 하는 것이 좋다. 대신 부모님이 고생해서 버시는 돈이란 점을 명심해서 돈이 투여되는 동안 각고의 노력을 아끼지 말아야 한다. 또한 아주 좋은 책과 아주 좋은 학원을 잘 선택하여 돈이 헛되이 쓰이지 않도록 해야 한다.

우리나라 영어학습자들은 효율적으로 공부하지 못한다. 그냥 들입다 외우고 주구장창 보기만 하면 된다는 생각을 많이 하기 때문이다. 틀린 얘기는 아니다. 주구장창 계속 하다 보면 언젠가 잘할 수도 있을 것이다. 하지만 정말 오랜 시간이 걸린다는 것을 기억해야 한다. 효율적인 방법이 아니기 때문이다. 학생이나 직장인 대부분은 "아, 영어공부 좀 해야 하는데……."라는 말을 밥 먹듯이 한다. 그러나 실제 실천하는 사람은 많지 않다.

어떤 자극이나 필요로 인해 영어공부를 해야 되는 상황이 오면 우선 사람들은 잘 팔리는 영어책에 관심을 가지게 된다. 그래서 그 책을 사서 처음에는 열심히 공부한다. 그런데 대부분의 사람들이 앞부분만

새까맣게 공부하고 그 뒤부터는 넘겨 보지도 않는다. 그러면 교재가 별로라는 생각에 또 다른 책을 구입하고 이 핑계 저 핑계로 이 책 또한 버리고 결국 "나는 시간이 없어."라고 합리화하며 포기하게 된다. 그리고 일정 시간이 지나면 또 이런 행동을 반복한다.

모두 어설프게 혼자 시작해서 그렇다. 이런 사람들에게는 확실히 도움이 필요하다. 만약 누군가 도와주거나 같이 공부할 사람만 있어도 더 효율적으로 공부할 수 있을 것이다. 바로 아래 소개하는 '토익달인의 조언'을 실천해 보고, 자기에게 가장 잘 맞아 떨어지는 방법을 꾸준히 실천하면 그 효과는 엄청날 것이다.

토익달인의 조언

❖ **학원 강의 듣기**
장점: 자기에게 맞는 강사를 만나면 단기간에 점수 올리는 것이 가능.
단점: 정해진 수업시간에 빠지게 되면, 진도 따라가기가 어렵다.
해결: 최적의 강사를 선택하여, 굳은 의지로 끝까지 듣자!

❖ **동영상 듣기**
장점: 저렴한 비용으로 원하는 시간과 장소에서 자유롭게 수강 가능.
단점: 의지박약으로 인해 끝까지 학습하지 못하는 일이 많다.
해결: 매일매일 진도표를 반드시 지키고 혹시 못 지키면 주말에 몰아서라도 듣는다.

❖ **스터디 참가하기**
장점: 비용 부담 없이 자율적으로 구성. 마음 맞는 사람들이 모이면 효과 극대화.
단점: 실력이 상급 이상이 아니라면, 중하수들의 모임은 금방 해체되기 마련.
해결: 실력 있는 사람을 초빙하거나 학원에서 모임을 하여 선생님의 도움을 받자.

❖ **영어 관련 카페 적극 활용하기**
장점: 역시 비용부담이 없다. 모르는 것만 질문하여 학습해 가는 방식.
단점: 대부분의 사이트가 선생님이 직접 답변하지 않으므로 답변에 신뢰성 결여.

또한 기본기가 탄탄하지 않은 중하수의 학생들은 질문만으로는 해결 불가능. 해결: 믿을 수 있는 선생님이 직접 답변해 주는 신뢰성 있는 사이트를 활용. 그러나 적어도 기본기를 단단히 하고 보조적 수단으로 활용하는 것이 좋음.

5형식만 알면 영어가 뚫린다

'수학은 인수분해만, 영어는 5형식만'

아마 이런 표어 아닌 표어를 익히 들어 봤을 것이다. 수학은 인수분해만 한다고 다음 단원이 이해되는 것은 아닐 것이다. 그러나 영어는 문장의 형식이 굉장히 중요하다. 자신 있게 말하건대, 5형식만 제대로 안다면 영어를 다한 것이나 마찬가지다.

"어, 저 5형식 다 아는데, 영어는 잘 못하는데요?"

"그 말 자신 있니?"

"어어, 으……. 네에……."

"좋아, 그럼 이거 몇 형식일까? I offered to help them."

"그거요? 에이, 알아요, offer는 4형식이잖아요!"

과연 그럴까? 많은 사람들이 5형식 하면 S+V, S+V+C 하는 기호만 알고 있거나, 혹은 몇 개 동사만 기계적으로 암기하여 무조건 그 동사가 나오면 그 형식이라고 대답한다. 즉 offer 하면 4형식으로 암기한(그나마 암기조차 안 한 사람보다는 많이 낫다) 사람들은 원리는 모른 채 그 단어만 나오면 4형식 아니냐고 하는 것이다.

    답을 공개하자면 저 문장은 3형식이다. offer의 목적어로 to help them 하나밖에 없으므로 3형식인 것이다(offer가 3형식도 있냐고? to help가 어떻게 목적어냐고? them은 뭐냐고? 이런 궁금증이 꼬리를 물고 생기는가? 좋다. 그 궁금증을 촉매로 삼아 영어공부를 더 열심히 하자! 나의 홈페이지 www.JSL365.com에서 문법 동영상을 무료로 볼 수 있다. 수많은 질문에 대한 답을 거기에서 찾을 수 있을 것이다).

    '문장의 5형식'이라는 얘기만 들어도 머리가 아픈 사람이 있을 것이다. 그까짓 거 해 봐야 영어에 별 도움이 안 된다는 얘기는 왠지 설득력 있어 보이고 실제로 그런 생각을 가지는 사람들도 많을 것이다. 이런 분위기에서 5형식의 중요성을 강조하려면 상당한 용기와 자신감이 필요하다.

    그렇다. 나는 5형식이 중요하다고 자신 있게 말할 수 있다. 나 자신이 5형식을 통해서 영어를 정복했고, 또한 나의 수업과 교재를 통해 영어를 공부한 수십만 명의 학생들이 이제는 5형식의 중요성을 깨달았고 이를 통해 영어를 완성해 가고 있다. 단연코 자신 있게 말하건대, 내 수업을 들은 사람들은 5형식이 얼마나 중요한지 잘 이해하며, 영어를 잘하는 결과를 실제로 보여 주고 있다.

    나는 이렇게 5형식의 중요성을 유난히 강조하는 사람이다. 이쯤에서 자신이 갖고 있던 영어에 대한 생각과 다르다고 이 책을 덮어도 할 수 없다. 누가 뭐라 해도 난 5형식을 통해서 우리 학생들의 영어실력을 완벽하게 다듬어 줄 자신이 있다. 그게 문법으로만 끝나는 게 아니라 영작과 회화까지 이어지게 해 줄 수 있다. 내가 산 증인이다. 토익을 50번 정도 만점을 맞았으며 토익 말하기와 쓰기 시험(TOEIC speaking and writing tests)에서도 최상위레벨을 받았다. 그래서 난 항상 수업의 시작을 5형식으로 시작해서 수업하는 내내 5형식을 말하며, 모든 영어의 문법과 영작, 회화를 5형식에 대입하여 설명한다. 수업의 마무리도 이 모든 것이 5형식으로 귀결됨을 증빙하는 것으로 끝마친다.

그런데 가끔 이런 학생들이 있다. 5형식이 중요하다는 얘기는 알겠다. 문장의 1형식과 2형식까지는 그나마 간단해서 이해하겠는데 3형식부터 너무 복잡해져서 4형식과 5형식은 만나 본 적이 없다는 것이다. 그래서 언제나 공부하려고 책을 펴면 1형식, 2형식 그리고 3형식에서 다시 책을 덮게 되고, 몇 달 지나 다시 1형식, 2형식⋯⋯. 뭐 이런 식으로 영어를 시작한 지 20년이 넘도록 그 뒷부분을 본 적이 없다는 얘기다.

이럴 땐 정녕 안타깝다. 이렇게 수많은 학생들에게 제대로 올바른 영어의 길을 보여 줄 사람이 없단 말인가? 재미있게 영어를 공부할 수 있도록 잘 이끌어 줄 사람이 이렇게까지 없었단 말인가?' 하는 생각이 든다. 지금이라도 이 학생들이 옳은 길로 가게 해 주는 게 내 일일 것이다.

간단한 충고로 5형식에 대한 이야기를 마무리하려 한다. 일단 골라도 끝까지 가라! 어떤 책을 택하든 끝까지 보면 된다. 이게 내가 줄 수 있는 최선의 충고다. 일단 끝까지 가야 한다. 모르는 문제로 막혀도 걱정 마라. 막히는 것이 있는 것은 그 단원만의 문제는 아니기 때문이다. 다른 연계된 단원을 모르니 막히는 것이다. 따라서 모든 단원이 물 흐르듯이 연계되어 이해가 될 때까지 반복하고 반복할 것을 권한다.

또한 문장의 5형식을 너무 강조하여 이것에만 얽매이는 폐단을 막아야 하는 것도 내 몫인 것 같다. 즉 5형식은 분명 중요한데 어느 수준을 넘어서면 너무 거기에만 집착하는 것도 좋지는 않단 얘기다. 한국인으로서 영어를 공부하기에 가장 적합한 기본 패턴은 바로 문장의 5형식이다. 그러나 이를 이용해 어느 정도 문장분석이 된다면 그걸로 만족하자. 사족을 붙이자면 결국 영어를 완벽하게 잘한다는 것은 5형식을 완벽하게 구분지을 수 있다는 뜻이기도 하다.

좋은 스승을 발견하는 것도 능력이다

A는 정말 장래가 촉망되는 대학생이었다. 전공 공부, 영어 모두 출중했고 여자 친구 또한 나무랄 데 없는 성격에 아름답기까지 했다. 둘은 서로 격려하며 공부도 열심히 해서 모두의 부러움을 사던 멋진 캠퍼스 커플이었다. 그러나 어떤 사정인지 몰라도 둘이 헤어진 후 A는 큰 충격을 받아 몹시 방황했고 지금도 변변한 직업 없이 살고 있다.

B는 1학년 때부터 만날 술만 퍼먹고 F 세례를 날리더니 급기야 두 번 연속으로 학사경고를 받는 기록을 세웠던 탕아였다. 그러더니 2학년 때는 급기야 여자 친구를 임신시켜 고작 스물한 살의 나이로 결혼까지 하게 되었다. 나를 비롯해 주변의 사람들은 모두 B의 변변치 못한 자기관리에 지탄을 가할 수밖에 없었다. 그러나 B는 결혼 후 아이를 낳더니 갑자기 정신을 차려 열심히 공부하기 시작했고 결국 졸업

전에는 사법고시에 합격하는 인생전환의 극치를 보여 주었다.

여러분의 영어 인생도 이와 크게 다르지 않을 것이다. 여자 친구에 따라 인생이 바뀌듯 어떤 선생님을 만나느냐에 따라 영어의 운명이 결정되니 말이다. 이제 막 영어를 배우려는데, 지루한 수업으로 학생들과 호흡을 맞추지 못하는 선생님이나 제대로 실력도 갖추지 못한 채 엉터리 수업을 하는 선생님을 만나게 되면 영어를 몹시 싫어하게 될 가능성이 크다. 반대로 실력도 좋고 수업도 재미있게 이끄는, 모든 조건을 갖춘 선생님을 만나면 영어의 바다에서 배영을 즐기는 여유를 누릴 수 있게 된다.

여러분들은 인생에서 좋은 선생님을 만나 본 적이 있는가? 사실 실력 있는 선생님은 의외로 적다. 학교, 학원을 막론하고, 스스로도 영어 실력이 형편없다는 걸 알면서도 그저 월급을 받기 위해 교단에 서는 선생님들이 부지기수다. 좋은 실력에서 나아가 잘 가르칠 줄 아는 선생님은 더더욱 없다. 참고서를 베끼다시피하여 대충 대충 가르치는 사람도 많다.

우연히라도 선생님들의 수업교재를 본 적이 있는가? 새까맣게 쓰여 있는 교재를 보면서 어떤 생각을 했는가? 아, 우리를 위해서 이렇게 수업을 열심히 준비하셨구나? 글쎄, 내가 볼 땐 실력이 없어서 참고서를 베껴 써 둔 것에 불과하다. 더구나 수업시간에 자주 본인이 써 둔 내용을 보면서, 심지어는 그걸 들고 보면서 판서한다면? 시쳇말로 '백 프로다'. 그분은 선생님의 자격이 없을 확률이 100퍼센트란 말이다. 실력 있는 선생님은 책을 보면서 수업하는 일이 없다. 책 한 번 안 보고 한 시간 내내 수업하는 사람이 진정한 실력자다.

교육 일선에 있는 많은 선생님들을 싸잡아 비난하는 듯하여 마음이 무겁지만 스스로 영어에 대한 확신이 없는 분들은 물러나는 것이 수많은 사람들을 고행에서 구하는 길이다. 그렇게 하지 않는다면 나는 그것을 범죄라고 믿는다. 자신으로 인해 1년이면 수백 수천 명의 학생들이 또 다른 고역의 길로 접어들거나 영어를 포기한다면 이는 범죄인 것이다.

물론 뛰어난 강사들도 있다. 그러나 전체 선생님들의 수에 비하면 그 비율은 매우 낮다. 따라서 잘 가르치는 선생님을 만날 확률 자체가 아주 낮다는 말이다. 게다가 학생들 또한 어떤 선생님이 좋은 선생님인지 구별할 줄 아는 혜안을 가진 경우가 많지는 않다. 그리고 각각에게 개성이 모두 다른 것처럼 나한테 잘 맞는 선생님을 만나기는 정말 힘든 일이다. 만약 강의를 듣고 있는 사람들 대다수가 강의 내용을 이해할 수 없다면 그 선생님이 아무리 좋은 학교를 졸업했어도 별 소용이 없다는 것이다. 결론적으로 말하자면 나한테 맞는 선생님을 만나는 것이 중요하다.

초보자에게는 자주 쓰이는 중요한 표현만 반복적으로 설명하고 이해를 돕는 예문도 들어 주고 잘 외울 수 있게 팁도 많이 만들어 주는 선생님이 좋다. 더불어 지루하지 않도록 한 시간에 서너 번 정도는 흥미로운 이야기도 하면서 같이 놀아 주는 스타일이 효과적이다. 이런 경우에는 선생님의 실력이 반드시 최상일 필요는 없다. 흥미유발과 노련한 수업 이끌기가 관건이다.

중급 이상의 사람이게라면 선생님의 실력이 대단히 중요하다. 중상급 이상의 학생들은 질문이 많기 마련인데 까다로운 질문에 잘 대답하지 못하는 선생님은 대충 얼버무릴 것이다. "그런 건 관용적 표현이야.", "그런 걸 일일이 따질 수는 없는 거야.", "영어가 수학이냐?", "너 그런 거 일일이 따지면 영어 못한다." 등. 이때 중상급 이상의 학생들은 단호히 다른 선생님을 찾아야 한다.

사실 학생 시절에 한 번쯤은 저런 대사들을 들어 봤을 것 같다. 지금까지 좋은 영어 선생님을 만나지 못했다면 아마도 수많은 선생님들이 저러한 말을 하며 선생님이라는 권위로 실력을 감추려 했을 것이다. 단호히 말하건대 따질 수 없는 것은 없다. 모두 문법적으로 설명이 가능하다. 교과서에 나오는 문장뿐 아니라 팝송이나 영화에 나오는 구어체 표현들도 모두 설명이 가능하다. 설명이 불가능한 것은 없다. 다만 실력의 부족이 있을 뿐이다.

학원에 등록할 때 가장 주의를 기울어야 할 부분은 바로 자신의 수준과 성향에 맞춰서 선생님을 고르는 것이다. 결코 유명세가 다는 아니다. 수만 명에게는 효과적이던 수업방식이 나에게는 안 맞을 수도 있는 것이니까. 그러나 좋은 선생님을 찾아낼 수 있는 지혜가 없다면 아무래도 유명한 강사를 택하게 되는 것이 인지상정이기는 하다.

나는 강사생활을 시작하기 전, 유명하다는 강사들을 찾아 수업을 직접 들었다. 유명세만큼 잘 가르치는 강사도 있었지만 그냥 이름만 있는 강사들도 있었다. 직접 듣지 않으면 그 사람이 어떻게 가르치는지 알기 어렵다. 청강도 좋고 도강도 좋으니 꼭 직접 수업을 듣고 판단하자(요즘은 인터넷상에서 샘플 강의도 많이 올라와 있다).

그 강사의 말투, 교수법, 영어발음, 수업 진행 속도, 판서 방식 등 확인해야 할 것이 꽤 많다. 무작정 유명한 사람의 강의만 들으면 된다는 생각은 버리길 바란다. 강사의 유명세와 수강생의 실력 향상이 꼭 비례하는 것은 아니기 때문이다. 따라서 좋은 선생님을 찾는 몇 가지 노하우를 소개하겠다.

> **토익달인의 조언**
>
> ❖ **이런 선생님만은 피하자!**
> 1. 몇 초가 멀다 하고 책을 들여다보며 강의나 판서하는 선생님
>   (실력이 없다는 증거다.)
> 2. 레벨을 고려하지 않은 채 수업을 진행하는 선생님
>   (초급반에서 너무 어려운 문법을 설명하는 경우.)
> 3. 전혀 알아볼 수 없게 판서하는 선생님
>   (너무 말이 빠르거나, 칠판글씨가 엉망이면 당연히 학습효과가 떨어진다.)
> 4. 학습 이외의 얘기는 한마디도 하지 않는 선생님
>   (적어도 한 시간에 두 번 이상은 쉬어 가는 타임이 필요하다.)
> 5. 수업과 관계없는 말을 너무 많이 하는 선생님(가령 정치, 사회 얘기.)
> 6. 본인의 자랑이 수업의 절반 이상인 선생님
> 7. 옷차림 등 외모관리가 전혀 안 되는 선생님
>   (이 경우 수업 역시 잘 준비할 리가 없다.)
> 8. 수업시간에 질문을 못하게 하는 선생님
>   (진도 방해다? 실력 탄로가 아니고?)
> 9. 수업 끝나고 부리나케 도망가는 선생님(질문할 수가 없지 않은가?)
> 10. 주식 등에 빠져 수업이나 학생들은 안중에도 없는 선생님
>
> 결론적으로 얘기하자면 좋은 선생님이란 '나에게 좋은' 선생님이다. 대한민국에서 제일 유명한 선생님일지라도 나한테 맞지 않으면 아무런 소용이 없는 것이다. 지금 언급한 멀리해야 될 선생님에 주의해서 자신에게 딱 맞는 선생님을 찾아보자.

나의 첫사랑, 영어 선생님

나는 중학교 1학년 때 영어를 처음 접했다. 요새 아이들이 초등학교 이전에 영어를 시작하는 것에 비하면 많이 늦은 편이겠지만 그 당시에는 중1 영어 첫 시간에 알파벳을 배웠다. 초등학교 때는 당연히 영어를 하나도 몰랐다.

1984년에 교황 요한 바오로 2세가 우리나라를 방문한 적이 있었는데 나는 천주교 신자는 아니었지만 TV 뉴스에서 떠들썩하게 보도하는 것을 보고 관심이 생겼다. 교황은 우리나라 공항에 도착해 비행기에서 내린 후 우리 땅에 입을 맞추면서 "순교자의 땅, 순교자의 땅."이라고 찬미했다. 그러고는 유창한 우리말로 "벗이 있어 먼 데로 찾아가면 그야말로 큰 기쁨이 아닌가."라고 했다.

나는 세계적으로 대단하다는 사람이 한국말을 하는 것을 보고, 그가 한국에 방문하기 전에 미리 한국어를 공부했을 정도로 성실하고 겸손한 사람이라고 판단했다.

"엄마, 저분은 우리말도 공부했나 봐."

"아, 우리말을 공부한 게 아니라 그냥 발음기호를 읽었을 거야."

"발음기호? 그게 뭔데?"

"영어 알파벳처럼 생긴 기호인데 그걸 그대로 읽으면 우리말처럼 들리게 할 수 있어."

"에이, 그런 게 어디 있어. 거짓말."

"진짜야. 그런 게 있어. 우리 아들도 나중에 영어를 배우면 알 수 있게 돼."

"아냐, 아냐. 그런 건 없어 없다구! 아앙~~!"

결국 나는 울음까지 터트리고 말았다. 초등학교 5학년이 발음기호의 존재를 믿지 못해 울어 버렸던 것이다. 그러던 내가 2년 후에 영어를 처음 접하게 되었다. 특별히 영어가 싫지도 좋지도 않았다. 나는 공부는 무조건 열심히, 그리고 잘해야 한다고 생각했기 때문에 다른 과목만큼 열심히 했고 괜찮은 성적을 유지하고 있었다.

그러다 중학교 2학년이 되면서 새로 부임해 온 여자 영어 선생님을 만나게 되었다. 아마 누구나 학창시절에 선생님을 좋아했던 핑크빛 추억이 있을 것이다. 나도 예외는 아니다. 그런데 그 사춘기의 풋사과 같은 감정이 오늘날의 나를 있게 한 원동력이 될 줄은 꿈에도 몰랐다.

내가 영어를 집중적으로 열심히 한 이유는 순전히 바로 그 영어 선생님 때문이었다. 대학교를 갓 졸업하고 오신 우리 학교에서 가장 젊고 가장 예쁘신 선생님. 첫눈에 바로 반해 버린 아름다운 여자 선생님이었다. 그 시절뿐 아니라 대학생이 되어서도 선생님께 편지나 전화를 드리며 지냈을 정도로 당시 나는 이 선생님을 짝사랑했다. 너무 좋아해서 우리 반 애들뿐 아니라 선생님들도 다 아실 정도로 소문이 났었다.

그때 중학생의 하교시간은 4시 30분이었고 선생님의 퇴근 시간은 6시였다. 나는 학교가 끝나도 집에 가지 않고 혼자 학교 운동장에서 선생님을 기다렸다가 선생님이 나오시면 쪼르륵 달려가서 이런저런 얘기를 하며 버스정류장까지 꼭 모셔다 드렸다. 그러면 선생님이 고맙다고 하시며 귀엽다고 아이스크림을 사 주시곤 했다. 나는 정말 그 시간이 좋았다.

그리고 영어 수업시간에 선생님이 뭔가를 물어보면 정말 열심히 대답했다. 선생님이 질문을 하면 누구보다 먼저 손을 들어 대답했고 선생님이 나를 지목하지 않으시면 무척이나 서운했었다. 솔직히 선생님께 관심을 받기 위해 영어만큼은 누구보다 잘하고 싶었다. 영어 책도 최대한 잘 읽으려고 집에서 몇 번이고 연습하고 또 연습했다. 학기 초에 다음 학기 책을 미리 나눠 주면 영어책은 밤새워 미리 읽고 또 읽었다. 그게 방학 첫날 내가 늘 하는 행동이었다. 지금 와서 생각해 보니 내 영어실력은 그때부터 쌓이기 시작했었던 것 같다.

그때 나는 영어노트를 1년 동안에 6권을 만들었다. 다른 과목은 노트가 1~2권을 넘지 않았는데 영어노트만은 1년 만에 6권이 되었다. 수업 내용과 책 내용을 정리하고 또 정리한 결과였다(나의 노트정리 비법은 뒤에 공개하겠다). 또한 보통 중간고사 시험범위는 1~3과, 기말고사 시험범위는 4~6과로 나뉘어 있는데 나는 계속 1과에서 6과까지 통으로 공부했다. 이런 식으로 계속 누적해서 보고 또 보면서 혼자 정리했는데 그때 비로소 영어가 하나 되어 흐르는 강물처럼 이해가 되기 시작했다. 즉 'to부정사 따로, 동명사 따로'가 아니라 모든 문법이 서로 연관된 '하나로' 느껴지기 시작한 것이다. 감히 말하건대 그 당시 생긴 영어문법에 대한 지식은 지금 내가 가진 지식의 상당 부분을 차지할 정도였다. 중2 때 영어를 통달한 경지에 이른 것이다.

그리고 나에게 큰 영향을 끼친 또 한 분의 선생님이 계신데 고1 때 영어 선생님이다. 고등학생이 되어 맞이한 첫 영어 수업 시간에 이분은 들어오시자마자 특이하게도 시험을 보셨다. 아무것도 가르쳐 준 것도 없이 시험이라니 다들 망연자실한 표정으로 선생님을 바라보고만 있었다. 나도 어안이 벙벙하긴 마찬가지였다.

며칠 후 선생님은 수업시간에 들어오셔서 대뜸 '정상호 학생'을 찾으셨다. 당황해서 벌떡 일어났는데 선생님은 시험에서 내가 1등을 했다고 알려 주셨다. 당황스럽기도 했지만 기분이 좋아 웃고 있는 나를 보며 선생님은 말을 이으셨다.

"앞으로 상호가 이 반 영어 보충수업 맡아라."

갑자기 숨이 턱 막히고 어지러웠다. 중2 때 열심히 영어를 공부하며 조금씩 친구들을 가르쳐 본 적은 있지만 전체 반을 대상으로 '수업'을 하다니 감격스럽기도 하고 걱정도 되었다. 하지만 그럴수록 더더욱 열심히 매일매일 수업을 준비해 나갔고 선생님의 도움 아래 1년간 꽤 많은 수업을 내 손으로 진행했다.

지금 말한 이 두 분 선생님은 내게는 정말 소중한 분들이시다. 영어에 관심을 갖는 계기가 되어 주신 선생님과 나에게 수업을 할 수 있는 기회를 주신 선생님. 인생에 한 번도 만나기 힘든 훌륭한 스승을 나는 두 분이나 만났다. 결국 두 분 선생님 덕분에 내가 영어에 본격적으로 관심을 가지게 되었고 또 영어강사가 된 것 같다. 지금은 연락이 안 되지만 이분들께는 항상 고마운 마음을 가지고 있다.

  좋아하는 영어 선생님이 있으면 적극적으로 열과 성을 다해 좋아해 보자. 잘 보이고 싶다는 순수한 마음과 노력이 있다면 꼭 좋은 결과를 얻게 될 것이다.

좋은 영어책 고르는 법

"대한민국 최단기 최다 토익만점 강사님이 가장 추천하는 영어책은 무엇인가요? 물론 선생님이 직접 쓰신 책은 빼고요. 호호."

어느 신문사 기자의 질문이었다.

제일 먼저 떠오른 책은 『맨투맨 기본영어』였다.

'그런데 이 책이 정말 가장 좋은 책일까? 단순히 가장 먼저 접한 영어 문법책이어서 떠오른 게 아닐까? 아니면 가장 여러 번 본 책이어서 떠올랐을까? 그래도 좀 있어 보이게 『성문 종합』이라고 하거나, 국내 책은 오류가 많고 일본책을 베낀 것들이라서 볼 가치가 없으니 원서를 봐야 한다고 『Grammar in use』 같은 책을 추천해야 나도 좀 더 멋있게 보이려나?'

순간 여러 가지 생각이 교차했다.

"『맨투맨 기본영어』요."

"네? 그거 너무 쉬운 책 아닌가요?"

역시나 기자의 반응은 떨떠름했고 나중에 지면에 인쇄된 기사를 보니『맨투맨 기본영어』를 추천한 인터뷰 내용은 쏙 빠져 있었다. 아마도 나의 체면을 고려한 기자의 배려려니 하고 넘겨 버렸다.

이 책을 통해 진짜 영어를 잘하고자 하는, 그리고 나를 철저히 믿는 여러분들에게 진짜 좋은 교재를 추천하려 하니 좀 더 고민해 보게 된다.

사실『맨투맨 기본영어』는 내가 제일 처음 접한 영문법 책이자 가장 여러 번 본 책이다. 그래서 가장 애착이 가는 게 사실이다.『성문종합』이나『Grammar in use』를 스스로 볼 수 있는 정도라면 굳이 나의 추천서가 필요하지는 않을 듯싶다. 알아서 잘할 수 있을 테니까. 따라서 백 번 고쳐 생각해 봐도『맨투맨 기본영어』를 추천한다.

그리고 보니『맨투맨 기본영어』를 비롯하여 대학시절 열심히 보았던『아카데미 토플』,『영어 순해』, 어휘책인『Vocabulary 22000』과『Vocabulary 33000』등도 주마등처럼 스쳐 간다. 잘 알려지지 않은 책이지만 큰 서점에서 몇 시간이고 끙끙거려 스스로 선택한『유창한 영어 회화를 원하는 분』도 손에 꼽을 만한 좋은 책이었다. 지금은 이런 책으로 공부하는 학생들이 거의 없을 것이다. 책도 유행을 타니 말이다. 나는 이 책들을 모두 사서 책장에 꽂아 두라고 말하는 게 절대 아니다.

"저 토익 공부하려고 하는데 교재 추천 좀 해 주세요."

수업이 끝나고 종종 이런 얘기를 듣는다. 그런데 나는 영어, 특히 토익을 공부하면서도 저런 질문을 누구에게도 해 본 적이 없다. 늘 직접 서점에 가서 필요에 따라 내게 맞는 책을 스스로 골라냈다. 누가 추천해 준다고 해서, 혹은 누가 그거 보고 영어를 잘하게 되었다고 해서 그것이 내게 꼭 맞는 것은 아니다. 물론 통계상 수십만 권 이상 판매된 대형 베스트셀러에 좋은 내용이 많이 있을 확률이 높다. 그렇지만 베스트셀러만 좇는다면 내게 물어볼 필요도 없지 않은가? 그냥 베스트셀러 목록을 구해 보면 될 것이다.

  모든 일은 자신의 시간과 공을 들여야 더 효과적인 법이다. 들인 시간만큼 정성만큼 그 교재에 애착을 가지게 될 것이고 스스로 결정을 내리게 된 매력이 있었을 것이므로 다른 책에 비해 끝까지 그리고 여러 번 보게 될 것이다.

  그런데 내가 겪은 학생들은 대부분 자기에게 맞는 교재를 찾아볼 생각도 하지 않았다. 대형 서점의 베스트셀러면 모두 좋은 책이고 많이 팔리면 무조건 구성이 탄탄할 것이라는 선입견을 가졌다. 이런 식으로 교재를 고른 학생들은 얼마 후 교재가 별로라면서 또다시 다른 책을 구입하게 된다. 보통 소비자들이 책을 구입하면 10권 중 단 3권만 만족한다는 국내 통계자료도 이를 뒷받침한다.

  나는 교재 선택을 상당히 신중히 하는 편이다. 물론 마음에 드는 책이라면 몇 권이고 사 버리긴 한다. 그런데 그 과정이 좀 시간이 걸린다. 나는 일단 책을 구입하려고 마음을 먹으면 서점에서 꽤 여러 챕터의 내용을 보고 결정한다. 토익 책의 경우 최소한 이곳저곳의 20문제 이상을 그 자리에서 풀어보고 결정한다. 그러지 않으면 좋은 책인지 아닌지 확인할 수가 없다.

이 방법으로 고른 책이 나를 실망시킨 적은 한 번도 없었다. 토익이 아니라 다른 부류의 책들도 마찬가지다. 저자도 중요하고 출판사도 중요하지만 대략 30쪽 정도는 읽어 봐야 그 책이 나한테 맞는지 확신이 온다. 그리고 이렇게 읽는 과정 속에 몇 가지 세부과정이 더 포함되어 있다.

첫째, 일단 내가 제일 필요한 내용이 부각되어 있는지 확인한다. 예를 들어 전치사의 내용을 더 공부하고 싶어서 책을 산다고 치자. 그러면 전치사가 훨씬 자세하게 설명이 된 책을 사는 것이다. 그냥 한두 페이지 분량으로 끼워 넣기 식으로 다룬 책을 살 필요는 없는 것이다. 나의 경우, 전치사가 너무 궁금해서, 국내에서 나온 전치사 책, 일본에서 나온 책, 영어원서, 이렇게 순전히 전치사만 다룬 책을 3권이나 구입해 보았다.

둘째, 내가 아주 오랫동안 상당 분량의 책 내용을 보고 사는 데는 이유가 있다. 그렇게 읽다 보면 그 책의 편집자가 얼마나 많은 노력을 기울였는지 알 수 있게 된다. 저자의 원고가 좋아도 그 책을 실제로 만드는 편집자가 노력하지 않으면 제대로 된 책이 나올 수 없는 것이다. 디자인 하나, 코너 구성 하나에도 만든 사람의 노력이 깃들어 있는 책이 있다. 이런 책을 찾아야 한다. 오타 등 부실하게 편집된 책은 재고의 여지가 없다. 예를 들어, 이 문제 해설은 36쪽에 있다고 해 놓고 해설집을 보면 37쪽에 나와 있다면 그 책은 정성이 없는 책인 것이다.

셋째, 나는 어려운 책을 싫어한다. 내가 책을 보는 이유는 그 내용을 이해해서 내 것으로 만들기 위해서다. 그런데 어렵게 쓰인 책은 내가 이해도 하지 못할뿐더러 흥미도 뚝 떨어지게 만들어 버린다. 분명히 어려운 내용이라도 쉬운 예로 설명하는 책들이 있다. 나는 이런 책들이 좋다. 이해하기 쉽고 머리에 쏙 들어오는 그런 책 말이다.

내가 활용했던 이 방법을 지금 서점에 가서 한번 적용해 보라. 영어 실력을 향상시켜 줄 좋은 파트너를 만나게 될 것이다.

토익달인의 조언

❖ **좋은 책을 고르는 노하우**

1. 서점에 가서 직접 비교하 가며 고른다.
2. 믿을 만한 저자와 출판사를 선택한다.
3. 책 목차를 꼼꼼히 살핀다.
4. 30분 이상 본문 내용을 읽는다(소설이든 영어책이든).
5. 판권면을 살펴보고 가능한 1쇄는 피한다(좋은 저자, 좋은 출판사라도 1쇄는 오류가 있다).
6. 금주의 베스트셀러보다는 올해의 베스트셀러를, 올해의 베스트셀러보다는 금세기의 베스트셀러를 선택한다.
7. 일단 선택한 책은 빠르게 한 번 본다.
8. 맘에 든다면 여러 번 다시 본다.
9. 여러 번 본 책은 주위에 많이 권해 준다.
10. 책에 관한 내용에 저자나 출판사가 친절하게 끝까지 응대해 주는 책이라면 베스트다!

제대로 된 책과 선생님 찾기

"선생님, 선생님이 어떻게 책을 고르고 어떻게 선생님을 고르는지 이제 알겠어요. 그런데 좀 더 구체적으로 추천 좀 해 주시면 안 돼요?"

물론 내가 선호하는 책들과 선생님들은 분명히 있다. 대충도 아니고 확실히 이름을 거론할 수 있다. 하지만 토익강사로서 또 책을 쓰는 공인으로서 함부로 누구를 추천하기는 어렵다. 그래서 앞에서 언급했듯이 '좋은 책 좋은 선생님 만나는 법'을 얘기하는 정도인데 간간히 정말 끈질긴 분들(?)이 있어 구체적으로 이름을 얘기해 주어야 할 때가 있다.

이번에는 내가 개인적으로 좋아하는 교재들과 선생님들을 한번 구체적으로 소개해 보겠다. 극히 주관적인 나의 생각이고 어떠한 상업적인 계산도 없음을 먼저 밝힌다. 또한 이 책을 꼭 사거나 이 선생님을 꼭 찾아가라는 뜻은 아니다. 내가 이 책을 통해 공부를 이렇게 해 왔다는 뜻이므로 성공담 정도로 이해하면 될 것이다.

먼저 내가 좋아해서 많이 봤던 책을 소개해 보겠다.

1. 『맨투맨 기본영어』(맨투맨)

영어공부를 열심히 하지 않은 사람이라도 한 번쯤은 들어 봤을 것이다. '성문 영어' 시리즈와 함께 오랫동안 영어 기본 문법서의 양대 산맥을 이룬 책이다. '맨투맨' 시리즈는 지금도 학생들에게 환영받고 있다. 나는 이 책을 30번 이상 보았다. 체계적인 구성과 적절한 예문 그리고 좋은 연습문제들. 이 3가지만으로도 이 책을 구입할 충분한 이유가 된다. 기본적인 문법이 부족한 사람에게는 꼭 필요한 교재라고 생각한다. 나의 영어실력에 큰 디딤돌이 된 교재다.

2. 『영어 순해』(넥서스)

내가 대학교를 다닐 때 많이 봤던 책이다. 당시 영어동아리에 가입해서 영문잡지를 교재삼아 공부했었는데 독해실력을 기르기 위해 구입했던 교재다. 이 책은 독해뿐만 아니라 각종 영어문장을 순차적으로 의미를 파악해 가는 방법을 알려 준다. 대개 영어문장을 해석할 때 맨 뒤에서부터 거꾸로 올라오며 뜻을 푸는데 이는 영어공부에 굉장히 도움되지 않는 버릇이다. 영어문장은 뒤에서부터 해석하는 것이라고 굳게 믿어 왔던 독해법을 지적하고 올바른 영어독해의 길로 안내한 이 책은 내게 신선한 충격이었다.

생각해 보자. 상대방은 영어의 순서대로 말을 하는데, 거기서 잠깐 상대를 중단시키고 뒤에서부터 거꾸로 해석을 해서 의미를 받아들인 후에, 다시 말을 계속하라고 할 수는 없는 것이다. 우리말로 풀면 좀 어색하더라도 영어의 순서 그대로 받아들이는 것이 영어공부에 큰 도움이 된다. 바로 이것이 '직독직해'라는 것이다. 이것이 가능해지면 아무리 긴 문장을 들어도 바로 순차적으로 내용 파악을 할 수 있게 된다.

이에 얽힌 웃지 못할 에피소드도 있었다. 나는 직독직해식 해석이 옳다고 생각하여 내가 쓰는 모든 교재도 다 그렇게 해석을 해서 출간을 하고 있다. 첫 책이 나왔을 때 항의를 하는 독자도 있었다. 이 따위 해석은 처음 봤다며 환불해 달라는 등 반응이 격했다. 정말 안타까웠다. 한국의 영어 시장이 아직도 암울하다는 단적인 증거 아니겠는가?

아직도 수많은 선생님과 집필자들이 우리말의 순서에 따른 해석으로 아이들을 가르치고 있으니 개탄을 금할 수 없다. 내 책의 독자들은 이제 직독직해에 익숙해져서 영어를 보다 빨리 받아들이고 원어민의 어감으로 영어를 익혀 가고 있다. 『영어 순해』 덕에 내가 올바른 눈을 가지게 되었고 지금도 수만 명의 수강생들을 내가 익힌 방식으로 가르치게 된 것이다.

3. 『Vocabulary 22000』과 『Vocabulary 33000』(고려원)

토익 정도의 시험을 위해서는 필요 없는 책이라고 단연코 말할 수 있다. 그러나 토플이나 유학 등을 준비한다면 꼭 보아야 한다. 단어의 접두어와 접미어의 의미를 알려 주므로 많은 파생어들을 미루어 짐작하게 해 준다. 실제로 나는 이 어휘 책을 끝내고 나서, 생전 처음 보는 단어인데도 어떤 뜻인지 유추할 수 있게 되었다. 다소 지루하고 양이 방대한 편이지만 끈기 있는 사람들에게 권하고 싶다.

4. 『시나공 TOEIC Basic Reading』(길벗)

쑥스럽지만 나의 책이다. 하지만 어디에다 내놔도 괜찮은 책이라고 자부한다. 일단 쓸데없는 문법에만 치우친 얘기는 과감히 다 뺐다. 정말 영어를 힘들어하는 사람들은 이 책만 여러 번 반복하면 상당한 영어실력을 갖출 수 있다. 또한 나의 독자들이 단지 토익 점수만 높고 말을 못한다는 그런 소리를 듣게 하기 싫어서 토익 책 최초로 영작 코너도 각 과마다 넣었다. 영어 초보자들이 이 책으로 공부한 후에 영작을 하게 되고 말을 할 수 있는 자신감을 가지게 되었다며 감사의 글을 남긴 경우도 많았다. 책을 구입하면 저자 직강의 무료 동영상을 볼 수 있으니 이해를 더 높일 수 있다.

자, 지금까지 좋은 영어 책에 대해 얘기를 했는데 이제는 좋은 선생님을 소개할 차례다.

1. 윤석환 선생님 (메가잉글리시)

나는 어떤 강사의 능력을 볼 때 여러 부분을 동시에 보고 평가하는 편이다. 강사의 목소리, 발음, 내용 전달력, 판서, 구성의 충실함 등 여러 가지 부분을 확인한다. 그런데 이분은 그 모든 요소를 만족시킨다. 들어 보면 알겠지만 강의에 여유가 있다. 실제로 강의를 들어 본 적은 없지만 인터넷 강의만으로도 충분히 내공을 느낄 수가 있었다.

언젠가 메가스터디가 한창 주가를 올리고 있을 때 CNN에서 취재를 했었는데 그때 윤석환 선생님이 인터뷰를 해서 더 기억에 남는다. 정말 프로 강사란 무엇인가를 직접 보여 주는 분이라고 생각한다. 나도 강사지만 기복 없이 물 흐르듯 자연스러운 강의를 하는 것은 참 힘든 일이다. 충분한 경력과 본인의 노력 없이는 절대로 그런 강의가 나오지 않기 때문이다. 이분의 강의를 보면 그런 연륜과 개인적 노력이 느껴진다.

2. 이근철 선생님(KBS 〈이근철의 굿모닝팝스〉 진행)

학원 강의는 한 편의 쇼다. 비싼 돈 내고 와서 지루하기 짝이 없는 강의를 들을 수는 없지 않은가? 그래서 나는 강사를 일종의 연예인이라고 생각한다. 연예인만큼은 아니지만 그들만큼 외모에도 신경을 써야 되고 또 공부가 지긋지긋한 사람들을 즐겁게 해 주어야 하는 것이다. 이 선생님의 강의는 정말 공연을 보는 것 같다. 산만해 보일 수도 있지만 조금만 자세히 들여다보면 실력을 쉽게 파악할 수 있다.

이 선생님은 수업을 경쾌하고 재미있게 진행한다. 언제 들어도 에너지가 넘친다. 내가 강사생활을 하기 전에는 진가를 몰랐는데 강사생활을 좀 하고 이분의 수업을 들어보니 엄지손가락이 절로 올라갔다. 내가 정말 하고 싶은 방법으로 수업을 하고 있었던 것이다. 나는 시간이 날 때마다 이분의 강의를 접하려고 노력한다. 나도 나름 인지도가 있는 강사이지만 그 강의에서 아직 배울 게 많다는 생각이 들기 때문이다.

이상으로 나가 좋아하는 책들과 좋은 선생님들에 대해 이야기해 봤다. 다시 한 번 얘기하지만 어떠한 상업적 목적도 개입되어 있지 않다. 여러분이 스스로 판단하기 바란다.

'이것만 해라', '이것 절대 하지 마라'는 책들

매달 어김없이 토익 날짜는 찾아온다. 시험을 앞두고는 학원 수강생들이나 인터넷 수강생들의 질문도 점점 늘어난다. 영어 문제 자체에 관한 질문이 대부분이지만 이런 학생들도 꽤 있다.

"선생님, 이번 달에 꼭 토익 쫌 내려고 학원 등록은 했는데 개인 사정 때문에 잘 못 나왔어요."

"음, 저런 아쉽네. 무슨 사정인지 몰라도 최대한 나오지 그랬어."

"따로 공부도 제대로 못 했고 수업도 못 들었는데. 무슨 방법 없을까요? 선생님만 아시는 비밀 문제 같은 거 없으세요? 족집게처럼 딱 짚어 주시면 안 돼요?"

"물론 자주 나오는 형태들이 있지. 그러나 그걸 아무리 알려 줘도 기초가 없으면 응용력이 부족해서 거의 유사하게 나와도 맞추기가 힘들어. 그래서 차근차근 수업과 함께해야 하는 거야."

"아잉, 그래드 좀 가르쳐 주세요. 선생니임~~."

수강생의 연령 성별에 관계없이 나는 이런 질문을 매우 많이 듣는다. 물론 토익에 자주 출제되는 문제 형식은 분명히 있다. 매번 출제되는 것도 있고 몇 달에 한 번씩 출제되는 문제 형태도 있다. 6년이 넘도록 한 번도 빼놓지 않고 시험을 보고 매번 성적을 공개하는 나로서는 이런 유형들이 빼곡하게 머릿속에 정리되어 있다. 하지만 공부를 하나도 안 했다는 학생들이 무조건 이런 유형만 알려 달라고 하면 참 난처하다.

앞서 말한 대로 그 유형을 몇 분 안에 다 말해 줄 수도 없고 설령 한 차례 다 말한다고 한들 기본 공부가 안 되어 있는 학생이 과연 몇 퍼센트나 소화해 낼까? 자주 출제되는 유형들이 판박이처럼 시험에 나오는 것도 아니고 시험마다 늘 응용되어 조금씩 다른 모습으로 나타난다. 유형들을 완벽하게 이해하고 대비하여 갖추는 것이지 '뭐 다음엔 뭐다.' 이런 식으로 외운다고 문제가 풀리는 경우는 극히 드물다.

나는 50번 가까이 토익 만점을 맞았지만 스스로 완벽하다고 생각하진 않는다. 늘 영어로 된 글을 읽고 영어로 된 영화나 연극을 자막 없이 보려고 노력한다. 왜냐하면 정말 어려운 문제들이 매회 몇 개는 출제되기 때문이다. 잘나가는 토익강사들도 매번 만점을 맞기 어려운 이유는 바로 이렇게 까다로운 몇 개의 문제들 때문이다. 조금만 영어를 게을리하면 바로 점수로 응징을 당한다. 학생이든 강사든 말이다. 결국 족집게 강사라는 것도 그 패턴만 알려 줄 수 있을 뿐 출제되는 문제를 그대로 알려 줄 수는 없다는 말이다.

그런데 공부는 하지 않으면서 요행을 바라는 학생들의 이목을 사로잡는 책들이 있다. '이것만 하면 영어 끝!', '5개로 끝나는 영어' 등 제목만 봐도 확 끌리니 저절로 손이 간다. 여러분들도 이런 책 제목들을 본 경험이 있을 것이다. 정말 이 책만 공부하면 다 될까? 5개만 하면 영어가 정말 끝나는 것일까? 공부를 안 하고도 머리에 쏙쏙 들어오는 방법은 없을까? 실망시켜서 미안하지만 그런 건 없다.

그러한 제목들은 독자들을 현혹한다. 마케팅 관점에서는 좋은 네이밍(이름 짓기)이다. 요즘은 출판시장에서도 경쟁이 치열하다. 영어교재도 예외는 아니라서 수많은 교재들이 살아남기 위해 고군분투한다. 그중에는 탄탄한 구성과 창의적인 내용으로 독자를 사로잡는 책도 있지만 그저 주목받기 위해 제목으로만 승부하는 책도 있다. 나도 서점에서 눈에 띄는 제목의 책을 보면 아무래도 궁금해서 펼쳐보게 된다. 하지만 내용을 면밀히 들여다보면 대부분은 말 그대로 '제목만 좋은 책'이었다.

이렇게 제목만 좋은 책들은 특징이 있다. 특히 "~만 해라.", "~만 하면 된다."는 식의 교재들이 이렇다. 예를 들어, 『영어공부 이것만 해라!』라는 책이 있다고 가정해 보자. 일단 믿고 이 책의 내용만 공부하기로 마음을 먹는다. 그런데 1과를 끝내고 2과를 시작할 때 점점 의문이 생기게 된다. "이것만 해라."가 아니라 결국 "다 해라."라는 식의 내용이 자꾸 반복되기 때문이다. "~하지 마라."는 식의 교재도 지푸라기라도 잡는 심정으로 사긴 했는데 책을 다 읽어 보면 결국 "다 해야 된다."는 메시지를 담고 있다. 결국 많은 독자들이 이처럼 제목에 현혹되어 헛되이 돈을 날리고 만다.

당부하건대 앞에서 언급한 '좋은 책 고르는 노하우'를 그대로 실천해 보기 바란다. 결코 공부에 지름길은 없다. 겉포장만 화려한 교재에 현혹되어 시간과 돈을 낭비하느니 이미 가지고 있는 책 중에서 '正道(정도)'를 지키는 고재를 한 번이라도 더 보길 바란다. 다시 강조하지만 나는 여러분이 지름길보다는 바른 길을 가길 원한다. 바른 길이 무엇인지 궁금한가. 그것은 '좋은 책을 여러 번, 그것도 빨리 읽는 것'이다.

빨리 여러 번 반복해서 공부하기

　최고의 공부법은 무엇일까? 언론사 인터뷰를 할 때마다 나는 항상 '여러 번 빨리 반복하기'의 중요성에 대해 역설한다. '여러 번 빨리 반복하기'의 중요성은 아무리 강조해도 지나치지 않으며 그것의 강력한 효과는 나 스스로 입증할 수 있으므로 자신 있게 조언할 수 있다.
　어느 날 졸업을 앞둔 한 취업준비생이 찾아와서 공부하는 데 어려운 점을 상담하고 싶다고 했다.
　"선생님, 저는 정말 열심히 하는데 내용이 머릿속에 잘 안 들어와요."
　"그래? 어떤 방법으로 공부하고 있는데? 한 책을 꾸준히 보긴 한 거야?"
　"네. 같은 책을 두 번 정도 꼼꼼히 정독했어요. 1년 동안요."
　"1년? 12개월 동안 두 번밖에 못 봤어?"

"한 번이건 드 번이건 정독하는 게 중요한 것 아닌가요? 매일매일 조금씩이지만 꼼꼼히 봤는데……."

"그럼, 공부한 내용이 네 머릿속에 얼마나 정리되어 있는 것 같니?"

"음……. 암튼 엄청 열심히 했는데요."

"아니 그 말이 아니라 열심히 한 것도 중요한데 얼마나 정리되어 있냐를 물어보는 거야."

"부분적으로는 정리가 되어 있는데 전체적으로 정리하는 건 힘들더라고요."

"바로 그게 잘못된 거야."

나는 영화를 꽤 좋아하는 편인데 여유가 별로 없어서 극장에 가는 경우는 많지 않다. 한 가지 물어보자. 혹시 여러분은 영화를 끊어서 본 적이 있는가? 집에서 DVD로 영화를 볼 때는 시간이 늦어 다음 날 다시 이어서 봐야 할 때가 있다.

한번은 꽤 재미있다고 입소문도 나고 흥행에 성공한 영화를 빌려다 그런 식으로 봤는데, 나에겐 너무나 재미가 없었다. 왜 이 영화가 그렇게 유명한지 전혀 이유를 알 수 없었다. 그러다 며칠 후 시간을 내서 그 영화를 다시 한 번 보기로 했다. 이번에는 중간에 끊지 않고 봤다. 그리고 나니 영화가 재미있어졌다.

자, 왜 내가 그 영화에 재미를 못 느꼈을까? 다른 이유도 있겠지만 일단은 끊어서 본 것이 가장 큰 이유다. 영화가 재미있는 이유는 그 영화가 전달하는 독특한 이야기 때문이다. 그런데 나처럼 영화를 끊어서 보게 되면 몰입도 안 될뿐더러 줄거리 파악이 힘들어진다. 결국 무슨 얘기를 하는지 이해가 안 가서 흥미가 생기지 않게 되는 것이다.

영화라는 것은 그 고유의 줄거리, 즉 체계를 가지고 있다. 그 체계를 이해하지 못하고 부분만 봐서는 전혀 재미를 느낄 수 없는 것이다. 두 번째 이유는 집중이다. 영화는 몰입해서 봐야 재미가 있다. 배우들의 대사 하나 배경 하나까지도 주의 깊게 봐야 온전히 영화를 이해할 수 있다. 그런데 뚝뚝 끊어서 보니 몰입이 힘들 수밖에 없다. 감정이 몰입되었다가도 중간에 쉬는 시간이 생기면 다시 볼 때는 처음부터 감정을 다시 쌓아 가야 하므로 영화에 집중을 할 수가 없는 것이다.

서론이 길었다. 영화에 대한 비유로 이것을 강조하고 싶다.

보통 영어를 공부한다고 하면 대부분의 사람들은 책을 한 권 정해서 조금씩 오랜 기간 동안 공부를 한다. 하루에 조금씩 꾸준히 해서 6개월에 교재를 끝낸다고 치자. 그렇게 공부한 것이 머릿속에 많이 남아 있을까? 물론 하루에 조금씩 공부했다면 아마 자세히 공부를 했을 것이다. 그래서 부분적으로는 다 이해를 할 수도 있을 것이다. 하지만 전체적인 체계를 잡았을까? 전치사만 완전히 이해한다고 문법을 정복할 수 있을까? 안됐지만 그렇게 공부해서는 전체적인 체계를 잡기 힘들다.

영어도 영화감상과 같은 체계를 가지고 있다. 그리고 그 체계는 전체적으로 여러 번 반복함으로써 갖춰진다. 역사를 공부할 때 중요한 것이 뭔가? 세종대왕이 한글을 만들어 반포한 해, 임진왜란이 일어난 해처럼 매우 지엽적인 내용을 기억하는 것이 중요할까? 아니다. 역사의 큰 줄기를 통째로 이해하는 것이 중요하다. 부분적으로 한두 번 공부해서는 절대 이런 '맥'이 생기지 않는다.

그리고 나는 '빠르게'라는 말을 강조하고 싶다. 공부할 때 대부분의 사람들은 정독을 한다. 천천히 하나하나 이해하면서 정리를 하려고 하는데 나는 빠르게 더 여러 번 보는 방법을 추천한다. 이미 과학적으로 입증되었듯이 어려운 내용일수록 한 번에 완전히 이해하는 것보다는 여러 번 반복하는 것이 훨씬 효율적이다. 이는 독해, 문법, 회화, 어휘, 모든 부분에 해당된다(비단 영어뿐 아니라 전공 시험이든 국가고시든 시험 공부를 할 때는 이 방법이 최고다). 또한 '빠르게' 공부하는 법은 집중도도 더 높여 준다. 속도가 느리면 공부하다가 중간에 딴 생각도 많이 하게 되고 쉬는 시간도 길어진다는 얘기다.

  나는 어떤 공부를 하든 늘 이런 방식으로 해 왔다. 여러 번 볼수록 이해가 잘되는 것을 몸소 체험했기 때문에 좋은 책이면 열 번도 넘게 보았다. 나는 이 방법으로 공부해서 실패한 적이 없다. 독자 여러분들도 여태까지의 공부법을 버리고 내가 제안하는 방식으로 공부를 해 보길 바란다. 틀림없이 성공할 것이다!

영어에 대한 몇 가지 선입견

영어발음 좋게 하려고 아이 혀 수술

미국의 AP통신이 2일 영어발음을 좋게 하기 위해 아이들의 혀 수술도 마다하지 않는 우리나라의 영어 조기교육 광풍을 소개했다. 지난해 국내 언론들에 이미 소개돼 씁쓸한 뒷맛을 남겼던 '영어발음용 혀 수술'은 혀를 길게 하고 빠르게 움직이도록 하기 위해 혀 밑의 얇은 조직을 절개하는 것. 의학용어로 '설소대절제술'(舌小帶切除術)이라고 불리는 이 수술은 선진국 등에서는 혀 밑 조직의 이상으로 언어장애가 일어날 경우 사용되는 것으로 알려져 있다.

AP 통신은 "한국의 엄마들은 자녀들의 능숙한 영어회화를 위해서라면 못할 일이 거의 없다"며 "임신 중에 (영어로) 자장가를 들려주고 고가의 유아 가정교사를 두며 학교도 가지 않은 아이를 미국에 보내

발음을 익히게 한다"고 소개했다.

AP통신은 이어 어린이를 대상으로 한 혀 수술의 실상을 소개한 뒤 "당황한 한국 정부는 이를 막기 위해 국가인권위원회를 통해 제작한 영화에 혀 수술 장면을 담았을 정도"라고 꼬집은 뒤 "아이의 장래라는 미명 아래 우리 사회가 얼마나 어린이들의 인권을 짓밟고 있는지 보여 주고 싶었다"는 영화감독 박진표 씨의 언급을 함께 보도했다.

AP통신은 또 수술의 실제 효능을 부정하는 국내 전문의들의 말을 인용, "정상적인 어린이를 상대로 단지 영어발음을 위해 수술을 하는 것은 해부학적으로 말도 안 되는 것"이라며 "미친 짓"이라고 지적했다.

— 2004년 1월 2일자 「한국일보」 기사

이처럼 우리나라 사람들은 영어를 잘하고자 하는 열망이 강하다. 수술을 해서라도 잘할 수 있다면 기꺼이 하려는 것이다. 아기들의 태교를 위해 영어 동화를 듣는가 하면 말도 잘 못하는 아이를 외국으로 유학 보내기도 한다. 물론 이런 행동들이 전혀 효과가 없다는 얘기를 하려고 하는 것은 아니다. 단지 한국에서만 영어공부를 한 사람으로서 꼭 전하고 싶은 말이 있다.

첫째, 영어발음에 대한 선입견을 버려라. 우리나라 사람들은 발음을 참 중요시한다. 그냥 안 해도 상관없는 R 발음을 억지로 넣는다든지 발음이 안 좋은 사람들은 영어를 아예 못한다고 치부하는 행동들을 보면 우습다. 예전에 TV 쇼에서 우리나라 사람들의 영어실력을 알아보기 위해 해외로 출국하거나 해외에서 입국한 사람들에게 간단한 말을 영어로 해 보도록 했다. 결과는 놀라웠다. 10명 중 단 한 명만

이 그 문장을 제대로 만들어 냈고 대부분 말더듬이 수준의 영어를 구사했다.

이런 현상이 의미하는 것은 무엇일까? 우리나라 사람은 대개 자신의 영어발음을 부끄러워하며 다른 사람이 듣고 비웃을까 봐 걱정을 사서 한다. 동시에 다른 사람의 영어발음을 지적하는 것도 즐긴다. 반기문 유엔 사무총장이나 故 김대중 전 대통령이 영어로 연설하는 것을 들어 본 사람들의 반응은 대략 이렇다.

"뭐야. 영어발음도 안 좋은데 어떻게 저 사람이 유엔 사무총장이야?"

"대통령의 영어발음이 저러면 우리나라 망신 아냐? 내가 해도 저것보다는 잘하겠다. 차라리 통역을 시키지 뭐 하러 저런 발음으로 영어 연설을 한데?"

그러나 영어를 아는 사람들은 두 분이 얼마나 영어를 잘하는지 알고 있다. 그들이 구사한 영어는 정치 외교 관련 전문적인 표현이 담긴 고급 영어여서 생활영어와는 수준이 다르다. 사실 영어권 국가 사람들은 토속적인(?) 발음에 거부반응이 없다. 오히려 미국식 혹은 영국식 발음을 따라 하려 애쓰는 모습을 보면 상대를 가볍게 여긴다. 당당하게 자기나라의 고유한 발음대로 말하는 것을 보며 더 존경심을 갖기도 한다.

내가 하고 싶은 말은 발음은 그다지 중요하지 않다는 것이다. 혹시 인도나 동남아 국가 사람들의 영어를 들어 본 적 있는가? 그들 고유 언어의 강세와 억양이 섞여 있어 우리는 알아듣기 힘들다. 그래도 영어권 사람들은 발음을 전혀 문제 삼지 않는다.

인도 사람이면 인도 억양이 섞인 영어를 하면 되고 필리핀 사람이면 필리핀 억양이 섞인 영어를 하면 된다. 반기문 유엔총장과 김대중 전 대통령은 한국식 영어를 한 것이다. 물론 영어발음이 좋으면 알아듣기도 쉽고 더 자신감도 생긴다. 하지만 발음에 집착하다 보면 자기가 가진 영어실력의 반도 발휘하기 힘들다. 발음에 얽매여 말을 못하느니 차라리 좀 이상한 발음으로라도 말을 내뱉는 사람이 훨씬 낫다. 용기를 갖자. 영어는 내가 하는 일을, 내가 하고 싶은 말을 나타내는 도구일 뿐이다. 지식의 깊이나 학문의 정도를 재는 척도가 아님을 항상 기억해 주기 바란다.

둘째, 말이란 해야 느다. 우리나라에는 정말 수많은 영어 회화학원들이 있다. 대학교나 회사에서도 따로 강사를 초빙해 영어 회화교육에 열을 올리고 있다. 나도 회화학원을 다녀 보았는데 그때 느낀 점이 있었다. 회화학원은 회화를 배우는 목적보다 회화를 써 먹는 용도로 활용해야 더 가치가 있다는 것이었다.

우리는 외국인과 살거나 일하지 않는 한 평소에 영어를 써먹을 일이 없으니 학원에서 공동의 목표를 가진 사람들과 더불어 실컷 떠들다 와야 한다. 배우러 가는 게 아니라 떠들러 가는 것이 더 큰 목표가 되어야 한다는 말이다. 수영장에 가서 노트를 들고 강사의 말을 받아 적는 사람이 없듯이 물을 먹더라도 한 번이라도 더 발을 차고 손을 저어야 한다.

일단은 하고 싶은 말을 한 단어라도 내뱉어야 한다. 바로 지금 이 순간 하고 싶은 말을 영어로 말해 보라. 영어로 바꾸면서 막힌 부분이 생기면 사전이든 인터넷이든 뒤져서 적절한 표현을 찾아내고 그 자리에서 외우고 또 외워라. 그리고 곧 써먹어라. 적당히 공부하면 실력이 늘 것이라고 제멋대로 생각하지 마라. 그런 생각은 애초에 하지 말았어야 한다. 나는 다음과 같은 무식한 방법으로 영어회화를 정복했다.

영어회화 정복하기

1단계: 영어회화 테이프, mp3 파일, 미국 드라마 등 소리가 나오는 것이라면 무엇이든 좋다. 자료를 선택하자. 기왕이면 자신이 관심을 가지고 있는 내용을 고르자. 여러 번 들어도 질리지 않아야 한다. 재미도 없는 CNN을 들으며 폼 잡는 건 그만하자.

2단계: 무슨 내용인지 알 수 있는 스크립트를 구하라.

3단계: 일단 집중해서 한 번 들어라. 잘 안 들릴수록 배울 것이 많다는 뜻이니 기뻐하라.

4단계: 안 들리는 부분을 확인하라. 단 해석은 하지 마라. 그냥 무슨 단어인지만 확인하자.

5단계: 앞으로 2개월 동안 하루에 한 시간씩 그 내용을 반복해서 듣자. 스크립트는 절대 보지 않는다. 미치도록 궁금해도 절대 보지 않는다. 리스닝책을 보면 뒷부분에 스크립트가 정리되어 있다. 그런데 나도 사람인지라 궁금하면 보게 될까 봐 나중엔 스크립트를 과감히 버렸다. 다 듣고 난 후에 새 책을 사거나 구립 도서관에 있는 책으로 확인했다.

6단계: 이렇게 2개월이 지나면 무슨 뜻인지 잘 몰라도 소리가 외워져 버린다. 노래 가사처럼 뒤에 무슨 말이 나올지 알게 되어 흥얼거리기 시작하면 이제 듣는 것을 멈춘다. 나는 유명한 미국드라마 〈프렌즈〉 한 편을 80번까지 반복해서 본 적이 있다. 그 단계가 되면 소리가 외워지기 시작한다.

7단계: 스크립트를 확인한다. 꼼꼼하게 확인하고 해석까지 해 본다.

8단계: 이제 그 내용을 보면서 소리를 들으며 문장을 통째로(!) 암기한다.

나는 이 같은 방법으로 리스닝 공부를 했다. 특히 5단계에서는 조용한 도서관이 아니라 길거리에서 보내는 시간을 이용했다. 조용한 곳에서 가만히 앉아 오로지 듣기만 하고 있으면 정말 따분할 수밖에 없다. 이동하는 시간, 누군가를 기다리는 시간 등 자투리 시간을 많이 이용했다. 이 방법으로 리스닝 공부를 할 때, 회화 자료를 이용하면 회화 실력이 늘었고 토익 자료를 이용했을 때는 토익 리스닝 점수가 많이 올랐었다. '토익만점의 달인'이 하는 말이니 한번 믿어 보길 바란다.

할 수 있는 만큼만 공부해라

급할수록 돌아가라는 말이 있다. 공부에 있어서도 이 말은 너무나 진리다. 급하게 영어를 완성하겠다고 의욕을 불태우는 학생들을 자주 본다. 그들은 자신이 중고등학교 때 열심히 안 한 것은 생각도 않는다. 아니 최근만 따져 보아도 대학교 1~3학년 때는 만날 놀고 술 먹고 하다가 4학년이 된 이제야 급하게 영어를 정복해 보겠다고 나서는 이들이 정말 많다.

"선생님! 저 토익 두 달 만에 끝내려고요."

"오~ 그래? 그동안 영어 열심히 했나 보구나?"

"그런 건 아니지만 주위에 얘기 들어 보면 토익은 두 달이면 끝난다는데요?"

"하하. 영어가 두 달 만에 완성된다고 생각하니?"

"에이, 영어가 어떻게 두 달 만에 완성돼요."

"그럼 토익은 영어가 아니라 중국말이구나?"

"……. 그래도 제겐 두 달밖에 시간이 없어요. 졸업반이란 말이에요!"

"졸업반이라고 점수를 잘 주는 건 아닌데?"

"그럼 두 달 만에 안 된다고요? 그럼 영어 그냥 포기할래요."

요즘 학생들이 이렇다. 일단 너무 큰 욕심이나 기대를 버려야 한다. 영어시험은 운전면허시험이 아니다. 두 달해서 안 되면 그만둔다고? 운전면허는 그래도 될 것이다. 돈 많이 벌어서 기사 두고 사는 방법이 있으니까. 혹은 대중교통을 이용할 수도 있겠다.

토익, 아니 좀 더 범위를 넓혀서 영어, 이걸 두 달해서 안 되면 포기하겠다고? 그걸 포기하면 인생에서 굉장히 큰 걸 포기하는 것이다. 노력만 하면 인정받는, 몇 안 되는 평등한 방법으로 누릴 수 있는 엄청난 혜택을 걷어차는 일이다. 영어를 포기한 사람이 좋은 직장 안락한 삶을 누리기에는 너무나 힘든 세상 아닌가.

학원에서 학생들을 가르치다 보면 이런 학생들이 종종 있다. 여태껏 영어를 놓고 있다가 발등에 불이 떨어져 급하게 영어를 시작하는데 작심삼일도 안 되어 약한 모습을 보이는 수강생들 말이다. 이런 수강생들의 공통점은 목표가 너무 거창하다는 것이다. 물론 거창한 목표 자체가 나쁘다는 것이 아니다. 그들의 말대로만 된다면 문제될 것이 하나도 없다. 문제는 영어는 이렇게 짧은 기간에 이룰 수가 없다는 것이다.

많은 학습자들이 흔히 저지르는 잘못된 공부법 중에 하나는 시간을 정해서 공부하는 것이다. 말하자면 "오늘은 10시까지 공부하고 가겠다!", "매일 8시간 영어공부하자."와 같이 공부량이 아니라 시간을 정해 놓는 것이다. 이 방법은 시간 때우기가 되기 쉽기 때문에 좋은 방법이 아니다.

예를 들어, "친구랑 7시에 만나기 했으니 도서관에서 6시 30분까지 공부하다 나가야지." 하는 것은 그야말로 시간 때우기다. 이런 생각으로 공부하는 사람들에게는 공부보다는 친구와의 약속시간이 더 중요하다.

공부는 그렇게 하는 게 아니다. 나 같은 경우에는 목표량을 중시한다. 그것도 아주 세부적이다. 먼저 큰 목표를 정한다. 즉 공부할 책을 결정하고 나서 그 분량이면 두 달 안에 끝낼 수 있겠다는 각오를 한다. 그러면 매일의 학습량이 나온다. '오늘 6시 30분까지 공부하다가 친구를 만나자.'가 아니라 '오늘은 무조건 87쪽까지 공부하자.'는 목표를 정한다. 87쪽이 완성되지 않으면 친구와의 만남은 없다.

"에이, 친구와의 약속도 소중한 건데 공부야 내일 좀 더 하면 되지 않나요?" 하는 분들은 그 친구에게 취직을 부탁하자. 그 친구에게 승진을 부탁하자. 그 친구에게 연봉인상을 부탁하자.

내가 학생들에게 강조하고 싶은 것이 있다. 자신이 충분히 할 수 있겠다 싶은 공부량보다 30퍼센트 정도 더 높게 목표를 잡고 그 목표를 이루기 위해서 노력하자. 가령 10쪽을 공부할 수 있을 것 같으면 13쪽을 공부하는 식이다. 3쪽 정도 더 하는 것은 무리가 아니라고 생각한다. 30퍼센트라는 그 미묘한 차이가 결국 성패를 가른다.

물론 목표는 자신의 깜냥에 따라 결정하고 반드시 실현 가능해야 한다. 하루에 10쪽을 공부할 수 있는 사람이 20쪽을 하겠다고 목표를 정해 봤자 자꾸 좌절만 하게 되고 힘만 들게 된다. 공부량이 적다고 불안해하지 않아도 된다. 꾸준히만 한다면 결국 다 해결된다. 성취감과 즐거움은 바로 이런 목표 성취에서 오는 것이다.

학생 시절 때 기억을 되짚어 보면 모두 이런 경험들이 있을 것이다. 방학을 시작하게 되면 야심차게 계획을 세운다. 어떤 사람은 세부적으로 시간표까지 만들어서 계획을 세운다. 하지만 대부분 그런 계획은 실패하게 된다. 이유가 뭘까? 바로 실행이 힘들게 만들었기 때문이다. 이렇게 무리한 계획을 계속 세우기보다는 작더라도 실제로 해낼 수 있는 목표를 세우는 게 현명하다. 지금부터는 여러분도 실현 가능한 목표를 정해서 하나하나 이루어 가는 성취감을 느끼길 바란다.

영어공부에도 시크릿이 있다

출간되자마자 베스트셀러!
역대 단기간에 가장 많이 팔린 책!
미국 〈오프라 윈프리쇼〉〈래리킹 라이브〉 등에 소개!
미국 주요 방송사들 보도!
국내 주요 서점에서 약 80주간 판매량 1위!
미국에서 역대 출간된 실용서 중 판매량 1위!

이 광고 문구만 봐도 무슨 책인지 눈치챈 독자들이 있을 것이다. 바로 『시크릿』이라는 책이다. 이 책의 위력은 그야말로 대단하다. 이 책은 내 삶에도 많은 영향을 주었다. 그래서 곁에 두고 틈틈이 다시 보고 있다. 주변에 사서 나누어 준 권수만 해도 10권은 넘는 것 같다. 생각 같

토익달인
정상의
영어공부법

아섣 여러분께도 이 책을 한 권씩 선물하고 싶을 정도다. 꼭 읽어 보길 바란다. 이 책에는 많은 내용이 담겨 있지만 큰 주제만 놓고 보면 다음과 같다.

"무언가를 계속해서 간절히 원하면 가질 수 있다. 이미 그것을 가진 것으로 생각하고 그 기분을 느껴라. 그러면 그것이 당신에게 끌려올 것이다."

유명 인사들과 역사 속 중요한 인물들도 이런 생각을 가지고 그들이 바라는 바를 이루어 냈다고 한다. 이런 생각들이 바로 성공의 시크릿(Secret, 비밀)이라고 책은 말하고 있다. 자, 내가 왜 이 책을 언급했을까? 영어에도 이 법칙이 그대로 통하기 때문이다.

먼저 나는 이 말을 여러분께 해 주고 싶다.

"영어로 인해 성공할 당신의 모습을 늘 상상하라!"

여러분이 영어를 잘하고 싶다면 먼저 영어를 정복한 자신의 모습을 그려 보라. 물론 실제로 얼마나 노력을 하냐가 관건이지만 그보다 더 중요한 것이 바로 '긍정적인 생각'이다. 『시크릿』에서 맨 처음 나오는 말은 다음과 같다.

"당신의 인생에서 일어나는 현상은 당신이 끌어당긴 것이다."

즉 당신이 살고 있는 이 상황은 당신이 불러온 것이라는 말이다. 긍정적 사고는 긍정적인 것만을 끌어당기고 부정적인 사고는 부정적인 것만을 끌어당긴다. 이와 마찬가지로 영어에서도 "아무리 해도 안 돼.", "난 영어는 꽝인가 봐" 식의 부정적인 생각은 부정적인 결과만을 가져오게 된다.

이런 생각들이 실제 실력에 무슨 도움이 되냐고 되묻는 사람도 있을 것이다. 하지만 이 효과는 여러분이 생각하는 것보다 훨씬 크다. 여러분이 영어공부를 싫어하게 되면 주위에 영어공부를 싫어하는 사람들이 모여들고 영어공부를 방해하는 요소가 계속 생기게 된다. 이런 식으로 당신의 영어실력은 절대로 변하지 않는다.

긍정적으로 "나는 영어를 잘해서 성공할 수 있어!", "나는 영어가 즐거워!"라고 생각하기 시작하면 주위에 영어공부를 즐기는 사람들이 나타나며 영어공부를 방해하는 요소들이 하나 둘씩 사라지게 된다. 믿기지 않으면 당신의 주위를 둘러보길 바란다. 영어를 부정적으로 생각하는 사람의 영어실력은 어떤가? 십중팔구 긍정적인 생각을 가진 사람들이 그렇지 않은 사람들보다 영어를 잘한다.

나도 항상 긍정적으로 생각했다. 비록 유학 경험이 없어도 누구보다 잘할 수 있다고 긍정적인 생각을 했다. 아니 다녀오지 않았어도 유학 다녀온 사람들보다 더 잘하는 모습을 보여 주자고 생각했다. 강의를 시작할 때도 그랬고 몇 번의 위기 상황에서도 항상 긍정적인 생각을 하려고 노력했다. 이런 생각이 여태까지 나를 지탱시켜 왔다. 결국 어떤 상황이라도 긍정적으로 생각하면 방법이 있기 마련이다.

자, 여러분도 긍정적인 생각을 가지게 되면 영어실력 향상 속도가

2배, 3배, 아니 10배까지도 증가하는 기적을 보게 될 것이다. 부디 어떤 상황에서도 긍정적인 생각을 놓지 말길 바란다.

    중요한 것은 결국 당신의 생각이다. 그것이 당신의 인생을 결정하는 비밀인 것이다. 지금부터라도 영어를 잘하는 내 모습을 구체적으로 그려 보라. 그리고 믿어라. 그러면 그렇게 될 것이다.

| 제 2 장 |

'지독한 마음'을 가져라

The winner takes it all.
승자가 모든것을 다 가진다!

"영어공부는 누구랑 같이 해야 더 잘되나요?"
"아무리 찾아봐도 같이 공부할 사람이 없어요."

때때로 학원수강생들이 나를 찾아와 푸념처럼 늘어놓는 말들이다. '꼭 누구랑 함께해야 잘된다.' 혹은 '혼자 하는 게 더 낫다.'에 대해 정답은 없다. 사람 나름이다. 혼자서도 잘하는 사람이 있는가 하면 누군가와 함께해서 기대 이상의 성과를 단시일 내에 올리는 경우도 많이 있다. 여기서 나는 혼자서도 잘하는 사람들 얘기는 빼려고 한다. 그들은 어차피 이 책을 볼 사람들이 아니니 말이다. 그런데 대부분의 사람들은 혼자서 잘하지 못하는 경우가 많다. 특히 영어공부는 혼자 하면 더 외롭고 더 힘들다. 여기에선 이에 대한 여러 원인별 처방법을 소개하려고 한다.

사실 주위에 도와줄 사람 혹은 같이 공부할 사람이 없어서 혼자 공부하지 못한다는 것은 비겁한 변명이다. 진정 찾아보기는 한 건가? 오늘도 많은 사람들이 같이 공부하는 것을 귀찮게 생각하거나 필요를 느끼지 못해 무작정 책을 한 권 사서 독학을 시작한다. 그런데 독학으로 원하는 목표를 이룬 사람은 거의 보질 못했다. 앞서 '어설픈 독학은 시간 낭비, 돈 낭비'편에서 말했듯이 어설픈 독학은 반드시 실패로 끝나고 만다. 어설픈 독학은 정말 독이 될 수 있어서 하는 말이다. 독학의 단점에 대해 나의 솔직한 생각을 들어 보겠는가?

첫째, 세상에서 제일 무서운 것이 잘 모르면서 열심히만 하는 거다. 독학을 하면 내가 제대로 하고 있는지 확인할 길이 없다. 내가 영어문법을 제대로 이해하고 있는지, 맞는 표현을 쓰고 있는지, 틀렸으면 어디가 왜 틀렸는지, 어떤 점을 보완해야 하는지 등등 이제 영어를 시작하는 사람일수록 이렇게 확인해야 할 사항들이 많다. 혼자서도 물론 할 수 있다. 하지만 꼼꼼하게 자기 자신이 체크를 해야 하기 때문에 어느 정도 실력자가 아니면 모르면서 대충 넘어가는 경우가 대부분이다.

예전에 통역대학원을 준비하면서 학원을 다닌 적이 있다. 통역대학원 준비 학원 중에 가장 좋다는 곳에 소문을 듣고 찾아갔었다. 그런데 학원에 들어서자마자 진풍경이 펼쳐졌다. 수많은 학생들이 학원 곳곳에서 한 명씩 파트너를 정해서 스터디를 하고 있지 않은가? 더 놀라웠던 것은 내가 듣기에 발음이나 영어구사능력이 거의 완벽한 수준인데도 앞에 앉아 있는 다른 파트너가 뭐가 부족한지 하나하나 지적을 해주고 있었다. 이렇게 잘하는 사람들도 좀 더 보완하기 위해서 누군가와 같이 공부를 하고 있다. 다시 한 번 강조하지만 혼자서 공부하면 내가 잘하는지 틀리는지 확인할 길이 없다.

 둘째, 아무리 초보를 벗어난 사람이라도 공부를 하다 보면 모르는 것이 생기게 된다. 운이 좋게 주위에 영어를 잘하는 사람이 있다면 쉽게 해결할 수 있는 문제지만 그렇지 않다면 온라인 카페 등에 질문을 올려서 답변을 구하는 번거로움을 겪게 된다. 그나마 제대로 답변을 달아 주는 사람도 드물다(나는 내 홈페이지 www.JSL365.com에 올라온 질문에 대해선 반드시 24시간 내에 제대로 된 답변을 달아 준다). 어떤 사이트에서는 해석을 부탁하는 질문에 번역 프로그램을 이용해서 번역한 문장을 그대로 올린 것도 봤다.

 문법이나 해석이 까다로운 경우에는 반드시 도움이 필요한데 도움을 받지 못하면 그냥 틀린 해석과 틀린 문법을 잘 이해하지 못한 채 넘어가게 된다. 이런 작은 실수들이 계속 쌓이면 아무리 공부해도 영어를 제대로 구사하지 못하는 불상사가 발생하게 된다.

 셋째, 독학의 유일한 장점은 언제든지 포기할 수 있다는 것이다. 공부를 혼자서 하다 보면 시도와 포기를 밥 먹듯이 하게 된다. 작심삼일, 아니 작심당일이 되는 일이 부지기수다. 그러나 누군가와 같이 공부하게 되면 아무래도 포기할 확률이 줄어든다. 상대방이 지켜보고 있다는 생각에 혹은 경쟁심에 쉽게 포기하는 일이 적어진다. 혼자서 하는 경우는 언제든지 포기가 쉽다. 독한 사람만이 혼자 하는 일이 가능한 것이다. 이제 의지박약이란 말이 듣기 지겹지 않은가? 사실 의지가 박약한 게 아니라 적절한 동기부여가 안 되고 같이 하는 즐거움을 아직 못 느껴봐서 그럴지도 모른다.

 넷째, '1+1'을 4로 만들자! '시너지 효과'라는 말을 들어 본 적이 있을 것이다. 하나에 하나를 더하면 2가 아니라 4나 5도 될 수 있다는 말인데 영어공부도 그렇다. 누군가와 같이 공부하게 되면 각자 따로 따로 할 때 얻는 것보다 훨씬 효과가 커질 수 있다. 서로의 문제점을 보완해 주고 장점을 칭찬해 주며 공부를 하게 되면 큰 상승효과를 얻어 낼 수 있는 것이다. 그런데 혼자서 공부하면 이런 효과는 얻기 어렵다. 혼자 하는 경우, 1+1=2만 되어도 다행이다. 대부분은 1에 1을 더하지 못한 채 1에 머무르는 경우가 많다. 왜 더 좋은 결과를 만들 수 있는데 그렇게 하지 않고 있는가?

다섯째, 혼자 공부를 하다 보면 문득 찾아오는 것이 바로 외로움이다. "선생님, 공부는 혼자 하는 건데 왜 그러세요?"라며 의아해하는 사람도 있겠지만 사람이라면 누구나 외로움을 느낀다. 그 외로움을 참지 못하고 공부를 포기하게 되는 경우가 의외로 많다. 그러나 같이 공부하는 사람이 있다면 그 문제점이 해결된다. 공부도 공부지만 같은 목표를 지닌 사람끼리 같이 하면 더 좋은 게 확실하다.

이상 독학에 대한 나의 생각을 주저리주저리 풀어 봤다. 결론을 한 마디로 요약해 보자.

"힘들게 왜 혼자 하려 하니?"

그렇다. 내가 생각하는 독학은 상당한 수준에 이른 사람들이 해야 하는 것이라고 생각한다. 그 전에는 학원 스터디 온라인 커뮤니티 혹은 영어를 나보다 잘하는 친구 등등에서 도움을 반드시 받아야만 한다. 나도 학생 시절 나와 뜻이 잘 맞는 파트너들과 스터디를 많이 했었다.

특히 대학교 때 몸담은 영어동아리는 내 영어실력에 정말 큰 기여를 한 곳이다. 여러분들도 이런 파트너를 한번 구해 보는 것이 어떨까?

토익달인의 조언

❖ **독학에 독하게 성공하려면**

1. 반복에 반복
공부량이 많아지면 설령 이해를 좀 못해도 영어를 잘하게 된다. 계속 반복하는 과정 중에 무의식적으로 이해가 되고 외워져 버린다. 하지만 정말 여러 번 긴 시간을 투자해서 반복할 경우에만 나타나는 효과다.

2. 온라인 카페 적극 활용하기
특히 전문 토익학원 사이트나 취업 사이트 등에는 상당한 고수들이 많다. 여기에 질문을 올리면 웬만하면 거의 원하는 답변을 얻을 수 있다. 나도 영어에 관한(수학이나 과학은 No!) 각종 질문을 온라인을 통해 항시 받고 있다. 온라인 사이트를 잘 이용하면 스터디 파트너가 있는 것과 같은 효과를 볼 수 있다.

3. 영어 잘하는 친구 따라 다니기
영어를 잘하는 사람들 특히 외국에서 살다온 사람이 아닌데도 영어를 잘하는 사람들은 자신만의 노하우가 반드시 있다. 이 노하우를 잘 듣고 기억해서 그대로 실행해 보라. 검증된 방법이니 잘하는 친구의 말을 믿고 그대로 해 보길 바란다.

4. 영어 채팅하기
내가 학생 때 외국에 나갈 수도 없고 주위에 마땅한 외국인도 없던 상황에서 생각해 냈던 것이 영어 채팅이다. 국내 사이트도 있고 외국 사이트도 있다. 다만 여기는 절대 가르쳐 주는 것이 아니기 때문에 스스로 단어도 찾고 물어 가면서 때로는 창피도 당해 가면서 채팅을 해야 한다. 말도 못하는데 무슨 채팅이냐 하겠지만 주어진 상황에서 해 볼 수 있는 것은 다 해 봐야 되지 않는가? 내가 해 본 결과 영어에 대한 두려움을 없애 주고 자미를 주어 나름 효과를 봤었다. 한번 시도해 보시길.

❖ **장난스런 Tip하나 더!**

수입과자의 포장지에 나오는 수신자부담 전화(800-XXX-XXXX)로 전화하면 세계적인 대기업의 소비자상담센터와 무료로 영어회화를 즐길 수 있다!!

스터디를 활용하라

"선생님, 혼자 공부하는 게 너무 힘드네요."

"흠. 어떤 점이 힘든데?"

"생각만큼 단어가 잘 안 외워지고 문법을 모르는 부분은 아무리 들여다봐도 이해가 안 가고……."

"응. 혼자 공부하기가 버거운 모양이구나. 그렇다면 스터디에 참여해 보는 것은 어때?"

"스터디요? 하고는 싶은데 전 너무 실력이 낮아서 남들에게 방해될까 봐서요."

"아냐. 걱정할 것 없어. 똑같은 놈들끼리 묶어 줄게. 게다가 공짜야. 하하."

막상 독하게 독학을 하고자 마음을 먹었어도 뜻대로 해내는 사람은 그리 많지 않은 것이 현실이다. 책을 보자니 막막하고 듣기를 하자니 들리지도 않는다. 모르는 것이 생겨도 물어볼 사람도 없고 특히 혼자서 공부하자니 정말 의욕이 안 생기는 이런 '홀로 공부'의 어려움 때문에 많은 사람들이 좌절하게 된다. 이렇게 어려움을 겪는 사람들을 위해서 생겨난 것이 있다. 스터디 모임! 말 그대로 같이 모여 공부를 하는 것이다. 게다가 이런 모임은 수강료도 낼 필요가 없다. 끌리지 않는가?

찾아보면 정말 많은 스터디 모임이 있다. 그중 주류를 이루는 것은 시험이나 자격증 준비를 위한 스터디 모임일 것이다. 나는 토익강사이기 때문에 토익을 기준으로 얘기하겠다.

토익 스터디는 크게 두 가지로 나눌 수 있다. 바로 학원에서 조교나 강사가 직접 운영하는 모임과 학원과 관계없이 온·오프라인 만남으로 구성된 수험자들의 자발적 모임이다. 둘 다 소정의 정원이 정해져 있고 약간의 회비나 벌금을 걷는 경우도 있다.

먼저 내가 운영하는 학원 스터디에 대해 얘기해 보겠다. 나는 두 달에 한 번 스터디 모집 공지를 한다. 이때 첫 모임에 나온 사람들을 1차적으로 레벨별로 분류한다. 초급, 중급, 고급, 이렇게 레벨을 나누는 것이다. 초급이랑 고급이랑 섞여 있게 되면 서로 짜증나는 일이 될 테니까 레벨을 나누지 않을 수 없다. 그리고 나서 같은 레벨 중에서도 시간이 맞는 사람 위주로 스터디 조를 결성한다.

이 과정에서 초급레벨의 학생들은 잘 적응을 하지 못해 스터디가 깨지기 쉽고 이탈률이 높다. 그래서 초급 모임에는 내가 좀 더 개입한다. 때로는 토익만점에 가까운 학생들을 초급 모임의 리더로 투입한다. 순수하게 나를 도와주기 위해서 봉사하는 것이다. 물론 남을 가르치는 과정에서 본인들이 더 공부하게 되는 효과도 있다.

초급레벨 다음으로 이탈률이 높은 곳은 어디일까? 중급? 아니다. 그 다음은 고급레벨이다. 이유는 바로 자만심이다. 고급레벨이라 해도 대략 토익 점수로 700점 대인데 벌써 자만심이 하늘을 찌른다. '나보다 실력이 낮은 애들하고 공부하느니 그냥 혼자 하는 게 더 낫겠다.'라는 생각인데 수준 차이가 나 봤자 오십보백보라는 걸 모르고 하는 소리다.

그런 생각을 갖고 있으면 결코 초고득점자가 될 수 없다. 바로 그 자만심이 진정한 실력 향상을 막는다. 이런 학생들은 어설픈 자신감으로 다른 학생들을 무시하고 책의 내용을 무시하고, 더 나아가 문제를 틀리면 실력이 부족하거나 실수한 게 아니라 출제가 잘못된 것이라고 말하기까지한다. 이래서는 절대로 안 된다.

아는 걸 틀린 것도 본인의 실력이란 점을 명심해야 한다. 또한 명망 있는 출판사 문제치고 틀린 문제는 없다. 본인이 부족해서 이해하지 못했을 뿐이다. 따라서 원인을 외부로 돌리지 말자. 냉정하게 자기를 있는 그대로 보고 더 뼈를 깎는 노력을 해야 진정한 실력자가 된다.

내가 보아 온 중급레벨의 학생들은 가장 열성적이었다. 어느 정도 공부를 해 왔기 때문에 스스로 공부하는 힘이 있고 실력을 높이고자 하는 열정도 강하다. 그래서 가장 열심히 한다. 이들이 수업 분위기도 가장 화기애애하고 결석하는 사람도 없다. 이 열정을 쭉 이어 가기만 하면 당연히 영어의 초고수가 되는 것이다.

이렇게 레벨별로 나뉜 학생들은 내가 정해 주는 교재를 가지고 먼저 예습을 철저하게 한다. 그리고 정해진 시간에 모여 서로 공부해 온 것을 바탕으로 왜 답인지 아닌지를 서로 논의하며 올바른 길을 찾아 나

간다. 예습이나 복습을 점검하여 벌금제도도 운영하고 있다. 학원이라는 구심점이 있기 때문에 구성원들끼리 편하게 지낼 수 있는 큰 장점이 있다.

또한 학원 스터디는 강사에게 언제든 물어볼 수 있기 때문에 잘만 이용하면 정말 크게 실력을 향상시킬 수 있다. 학원들 중에 강사는커녕 별로 실력도 없는 수강생들을 데려다 놓고 스터디에 질문을 해결해 주는 학원이 있는데 이는 좋은 스터디 모임이라고 볼 수가 없다. 반드시 강사 또는 강사에 준하는 실력을 가진 사람이 모임을 이끌어 나가야 한다.

이번엔 학원이 아닌 일반인들의 스터디에 대해서 얘기해 보겠다. 온라인상의 게시판을 이용해서 참가자를 모집하기도 하지만 주변의 지인들끼리 구성하기도 한다. 참가하게 되면 철저하게 시간과 장소를 맞추어 진도를 나가기 때문에 확실히 공부할 사람만 뽑는다. 학원이라는 구심점이 없기 때문에 자칫 와해되는 일도 잦다. 강사도 없으니 의문점은 스스로 해결해야 한다. 그래서 학원 스터디보다 더 많은 공부량이 요구된다. 스터디 장소도 해결과제다. 내 생각에는 이런 모임은 어느 정도 실력을 갖춘 사람들이 모여서 하는 것이 이상적이다. 일정 기간 내에 얼마의 점수를 올리겠다는 뚜렷한 목표를 정해 놓고 스터디에 임해야 한다.

이 두 가지 형태 모두 가격 대비 성능이 아주 괜찮은 공부 방법이다. 우선 여러 사람과 하니 동기부여도 되고 공부를 위해선 예습을 해야 되기 때문에 공부량도 늘어난다. 다른 구성원에 비해 좀 못하면 부끄러운 것은 사실이겠지만 오히려 배울 것이 많은 좋은 기회가 될 테니 열심히 하는 노력으로 간격을 메워 나가면 좋다. 정말 잘하는 사람이 한 명쯤 있으면 정말 축복받은 모임이 될 수 있다. 그리고 무엇보다 여러 명이서 하는 시너지 효과를 볼 수 있도록 서로 노력해야 한다. 서로 격려하고 경쟁하며 끊임없이 자극해야 한다.

더불어 스터디를 할 때 꼭 권하고 싶은 일이 있다. 바로 벌금 제도다. 금액은 조원들끼리 협의하면 된다. 결석하면 1만 원, 지각하면 5,000원, 단어 시험에서 틀리면 한 문제당 1,000원 하는 식으로 벌금표를 만들자. 강제조항이 있으면 유지가 잘된다. 처음 시작할 때 아예 집 문서를 묻어 두고 시작하는 것도 좋다!

지금까지 언급한 것들을 잘 숙지하고 과감하게 도전한다면 스터디 모임에서 정말 큰 효과를 얻게 될 것이다. 혼자서 석 달간 공부할 것을 한 달 만에 끝낼 수도 있다. 특히 요즘은 문법뿐만 아니라 청취, 회화, 독해, 스터디 모임 등도 활성화되고 있어 의지만 있다면 얼마든지 효과적으로 공부를 할 수 있는 상황이다. 여러분들도 잘 알아보고 이런 스터디들을 적극 활용하면 좋을 것 같다. 이 글을 쓰고 있는 지금도 내 방 바깥에서는 스터디 모임을 하고 있는 소리가 들리고 있다. 꽤 시끄럽지만 나는 그 소리가 너무 듣기 좋다. 학생들이 성장하고 있는 소리이기 때문이다.

가르칠 때 가장 빨리 배우다

　나는 스터디가 좋다. 아마 중학교 이후로 스터디를 이끌어 온 것 같다. 같은 반 친구들 중에 이해가 더딘 친구들에게 설명해 주는 것을 좋아했고 친구들이 내 설명을 듣고 쉽게 이해가 된다고 말해 주는 것이 기뻤다. 대학교 때도 줄곧 스터디를 조직해서 이끌었다. 그런 과정에서 느끼는 것은 단지 개인적 만족감 이상의 것이었다.

　그것은 무엇일까? 일단 스터디를 이끌기 위해서는 내가 엄청 공부를 해야 했다. 친구들에게 설명해 줘야 했고 질문에 답하기 위해서는 내가 먼저 확실하게 문장분석을 끝내야 했다. 하지만 아무리 열심히 질문해도 예상치 못한 질문은 늘 있기 마련이었다. 예를 들자면 나는 너무나 당연하다고 생각해서 고민조차 않은 질문들이 끝도 없이 쏟아졌다.

　'1인칭 대명사 I는 왜 꼭 대문자로 쓰나?'

'work는 왜 복수동사이고 works는 왜 단수동사인가?'

'assembly는 ~ly로 끝나는데 왜 부사가 아니라 명사일까?'

어떤 때는 '와, 이런 것도 모르는 사람이 있네?' 하다가 또 어떤 때는 '어라? 그러게 이건 왜 이렇지?' 뭐 이런 생각들을 하며 임기응변으로 대답해 주기도 하고 집에 가서 더 조사해 보고 알려 주기도 했다. 그런 과정에서 나는 많은 지식을 쌓았고, 지금은 강사로서 수많은 질문을 받아도 어렵지 않게 탁탁 답변을 하는 실력이 되었다.

오히려 강사를 하면서는 '이런 질문도 있네?' 하는 생각을 해 본 적이 별로 없다. 이미 학생시절에 다 들어 본 질문들이니까. 사람은 누구나 비슷한 궁금증이 있구나 하는 것을 재확인할 뿐이다. 그런 연습의 과정이 있었기에 지금은 학생들로부터 이런 평가를 듣곤 한다.

"와, 선생님은 질문할 게 별로 없어요. 어쩜 그렇게 우리가 헷갈리는 것을 딱딱 알아서 미리미리 다 설명해 주시는지 모르겠어요."

아마도 학창시절에 스터디를 많이 이끌어 본 경험이 오늘의 나를 만든 것 같다.

그런데 나와는 달리 대부분의 학생들은 겸손인지 주제파악인지 스터디를 이끌어 보라고 하면 일단 발을 빼려고 한다.

"자, 이 스터디 모임은 누가 이끌어 볼까?"

"전 영어 진짜 못해요."

"전 아는데 어떻게 설명은 못하겠어요. 그냥 저만 알 뿐이에요."

영어실력이 완벽하다면 굳이 스터디를 하겠는가. 잘하지 못하더라도 한번 해 보겠다는 적극적인 자세를 가진 학생들은 늘 좋은 열매를 맺는다. 좋은 기업에 취직해서 성공가도를 달리는 것뿐 아니라 성격도 더 활발해져서 리더십을 갖추게 된다. 스터디도 조직이다. 스터디 리더를 맡았던 학생들은 스터디를 이끌어 본 것이 큰 도움이 되었다고 말하곤 했었다.

나는 다시 학창시절로 돌아가도 열심히 스터디 활동을 할 것이며 적극적으로 리더 역할을 딸을 것이다. 그런 것이 내게 주는 이점을 잘 알기 때문이다. 자, 이제 스터디 리더에게 필요한 것들을 몇 가지 정리해 보자.

첫째, 무엇보다 영어실력이다. 스터디는 당연히 공부가 주목적이다. 그런데 모임을 능동적으로 이끌어 나가려면 내용을 누구보다 잘 알아야 한다. 잘 모를 경우 어떻게 해야 할지 판단을 해야 하는데 그때 필요한 것도 실력이다. 그래서 스터디 리더는 공부를 딴 사람보다 많이 하고 준비도 많이 하게 된다. 물론 그 당시에는 스트레스가 될 수도 있지만 결국 공부하려고 스터디 모임에 가입한 것이 아닌가? 그 목적에 맞게 영어실력이 향상된다면 그게 제일 좋은 것 아닌가?

둘째, 계획을 잘 세울 수 있는 기획력과 실제로 실천할 수 있는 실천력이 필요하다. 구성원들에게 적합한 스터디 플랜을 짜서 잘 이행할 수 있도록 끊임없이 점검하고 확인하여 부족분을 보충할 방안을 찾아내야 한다.

셋째, 남에 대한 배려심이 필요하다. 실력이 좋은 사람은 좋은 사람대로 역할을 맡기고 조금 부족한 사람은 부족한 대로 이탈하지 않도록 다독여 줄 줄도 알아야겠다.

나는 이 3가지가 중요하다고 생각한다. 그런데 이 3가지보다 더 중요한 건 자신감과 의지다. 자신감과 의지가 있다면 3가지 중 아무것드

충족을 못 시켜도 스터디를 이끌어 나갈 수 있다. 자신감과 의지를 바탕으로 3가지를 실천한다면 스터디가 끝날 무렵에 크게 발전한 자신의 모습을 발견하게 될 것이다.

이제부터라도 리더가 되어 스터디를 한번 능동적으로 이끌자. 스터디 구성원들은 결국 스터디를 리드하는 사람을 따라오는 사람들이다. 영어실력, 기획력, 실천력, 배려심 등 3마리의 토끼를 한꺼번에 잡아 보고 싶은 사람은 지금도 늦지 않았으니 스터디에 참여해 스터디를 이끌어 보기 바란다.

영어공부할 때는 노름도 괜찮다

이렇게 말하면 거창하지만 영어공부하는 데에 있어서 돈내기는 나에게 큰 견인차 역할을 해 왔다. 이를테면 『Vocabulary 22000』이나 『Vocabulary 33000』 같은 두꺼운 단어 책을 친구들과 외우면서 틀리면 벌금을 내는 식으로 해서 아주 많은 양의 단어를 단기간 내에 완성 지을 수 있었다. 앞장에서 강조한 스터디 모임도 역시 벌금제도를 적절히 활용함으로서 약해지기 쉬운 마음을 단단히 붙들어 매는 말뚝으로 활용해 왔다. 그래서 나는 학생들 특히 의지가 약해지기 쉬운 학생들에게 항상 돈내기를 권장함으로써 그들이 더욱 영어공부를 열심히 하게 조건을 만들어 주곤 한다.

어느 날 학생이 찾아왔다. 지금 스터디 모임에 나가고 있는데 의욕적으로 아주 열심히 하는 학생이었다. 그런데 이 학생이 들어오자마자 이런 푸념을 늘어놓는 것이다.

"선생님, 저희 스터디 멤버들은 툭 하면 지각이나 결석이에요. 스터디 준비도 잘 안 해 오고."

"그래? 그럼 짜증나겠다."

"맞아요. 진짜 열심히 해야 하는데. 저 조를 바꾸어 주실 수 없나요?"

"뭐 조 바꾸는 것은 얼마든지 해 줄 수 있는데. 문제구나. 너는 이렇게 의욕이 넘치는데. 음."

"그죠? 와서 여학생들하고 잡담들만 하고."

"그럼 벌금을 걷어."

"벌금이요? 선생님이 말씀하셔서 처음에 정했는데 흐지부지 잘 내지도 않아요. 강제로 걷기도 뭐하고. 돈 내기 싫어서인지 안 나오는 사람도 있고."

스터디 모임을 시작하게 되면 이런 일이 종종 생긴다. 여러 명의 사람들이 모여서 공부를 하는 것이니 다수의 뜻에 맞지 않게 행동하는 사람도 꼭 있다. 이런 경우 나는 학생들에게 벌금제를 적극 추천한다. 벌금 내기의 기준은 정말 단순하다.

정해진 시간에 지각하면 벌금.
예습을 안 해 와도 벌금.
스터디 자료를 만들어 오지 않아도 벌금.
결석하면 두 배의 벌금!

이런 식으로 벌금을 정해 놓으면 예상외로 효과가 좋다. 다만 시작하기 전에 멤버 전체의 동의를 확실히 받아야 한다. 그렇게 되면 벌금 때문에라도 사람들이 제대로 공부를 하기 시작한다.

더불어 벌금은 선불제로 하는 것이 가장 좋다. 공탁금처럼 몇만 원씩 묻은 다음 정해진 금액만큼 벌금을 공제해 나가는 방식인 거다. 벌금을 낼 일이 없다면 스터디를 탈퇴할 때 가지고 나가면 된다. 이러지 않으면 몇 번 결석하고 지각하면서 돈 내기 싫어서 스터디가 깨지기도 한다.

내가 관리하는 스터디 모임들은 이렇게 해서 모은 돈이 10만 원 가까이 되어 스터디 책거리를 아주 근사한 곳에서 했다. 물론 그땐 나를 꼭 초청하라고 농담 아닌 농담도 한다.

또한 실수한 것에 벌금을 물리듯 잘하는 사람에게 상금을 주는 것도 괜찮은 방법이다. 단어 시험을 보고 일주일 평균을 내서 1등에게는 벌금 중 일부를 주는 것이다. 실제로 나는 이런 돈 내기를 상당히 좋아한다. 돈이 걸리면 사람이 절실해지는(?) 효과를 영어학습에도 적용을 하는 것이다. 그 돈으로 책을 사 준다거나 토익 응시료를 지원해도 좋다.

이런 벌금은 학생들끼리만 할 수 있는 것은 아니다. 직장 동료들 사이에서도 충분히 가능하다. 열심히 하고자 하는 의지만 있다면 말이다. 간단하지만 돈내기는 영어학습의 견인차 역할을 톡톡히 해낸다. 그렇다고 너무 큰돈을 걸면 사람들이 부담스러워하니 처음에는 500원이나 1,000원처럼 가벼운 수준에서 시작하면 좋을 것이다.

밥 사 주며
영어
가르치기

"상우야, 뭔 생각하냐? 수업 집중 안 할래?"
"……"
"어쩌려고 그러냐? 중간고사가 모레잖아!"
"……"
"좀 집중해 봐라. 말 잘 들으면 요거 끝나고 돈가스 쏜다!"
"너 거짓말이면 죽는다. 좋아, 집중한다!"

대개 이 대화를 들으면 의아해할 것이다. 학생의 말이 너무 심한 게 아닌가 하며 혀를 끌끌 찰지도 모르겠다. 그런데 저 대화에서 가르치는 사람은 바로 다름 아닌 나였고, 상우는 내 친구였다. 앞에서도 잠시 얘기를 했었지만, 고등학교 때 영어 선생님의 파격적인 교육 방침 덕분에 나는 수업 진도에 따라가지 못하는 애들에게 보충수업을 해 주었다.

학교 보충수업에서 봉사하면서 돈을 받는 것도 아닌데 왜 나는 내 돈까지 썼을까? 선생님은 왜 학생인 나에게 수업을 맡겼을까? 지금도 이해하기 힘든 일이지만 나는 그 일들이 즐거웠다. 내가 55명을 앞에 두고 수업을 한다는 것이 자랑스러웠고 이런 기회를 주신 선생님의 기대를 저버리기 싫었다. 그리고 하면 할수록 영어수업은 나에게 재미를 가져다주었다.

다들 알겠지만 보충수업은 그리 유쾌한 것은 아니다. 그래서 나름 열심히 준비를 해 갔지만 외면하는 애들도 있었고 심지어 안 들어오는 애들도 있었다. 이런 아이들을 집중시키는 가장 원초적인 방법으로 먹을 것을 사 주었던 것이다. 가르치는 사람으로서의 경험이나 요령이 없다 보니 친구들을 꼬일 수 있는 방법은 그것뿐이었다.

하지만 그냥 돈만 무의미하게 쓴 것은 아니었다. 그렇게 해서 나는 내 영어공부를 더 하는 계기로 삼았고 내가 좋아하는 영어를 가르치는 일에 한 발짝씩 다가가고 있었다. 이때부터 나의 강사로서의 끼가 만들어졌다고 볼 수 있을 것이다.

여러분에게 강사를 하라는 것이 아니다. 대부분의 사람들은 열심히 공부만 할 뿐 남을 가르쳐 볼 기회는 가지지 못한다. 남을 가르쳐 보면 자신의 실력 발전에 더할 나위 없이 좋은 기회가 된다는 것이 나의 주장이다. 가르칠 실력이 안 된다고? 그러면 나처럼 뭘 사 줘 가며 가르쳐 보자. 그래도 배울 사람이 없다고? 그러면 공부를 열심히 한 다음 거울을 보자. 책을 덮고 지금까지 공부한 것을 조리 있게 말로 표현해 보자. 마치 강의하듯이 말이다. 그러면 아마 처음엔 큰 충격을 받을 것이다. 책을 읽을 때는 대충 다 이해 가는 것 같았지만 단 1~2분도 말하기 힘들다는 것을 깨달을 것이다. 내가 이해를 한다는 것과 가르친다는 것은 어마어마한 실력의 차이를 가져온다.

앞에서도 좋은 선생님을 선택하는 조건 중에 하나로 교재를 보지 않고 수업할 수 있어야 한다고 했다. 나는 한 시간 수업 내내 책을 전혀 보지 않고 수업을 한다. 머릿속에 완벽한 체계를 가지고 있고 수없이 많은 예문들을 실전에서 무지하게 써 보았기 때문이다. 여러분도 남을 가르쳐 봐라. 먹을 것을 사 주더라도 말이다. 정 가르칠 사람이 없으면 거울이라도 보며 공부한 것을 되뇌어 보라. 반드시 해야 할 일이다. 고수가 되고 싶다면 나의 이 충고를 꼭 명심해야 한다.

나는 내 돈 들여 친구들을 가르쳤고 그것이 바탕이 되어 지금 영어 고수가 되었다. 또한 이때 가르치는 재미를 알게 되어 대학교에 들어가서도 과외를 남들보다 무척 많이 하게 되었다(과외가 너무 많아 내가 모은 돈으로 차도 한 대 샀을 정도였다). 지금은 그때의 경험들을 기반으로 해서 강사라는 직업을 택하게 된 것은 물론이고 영어를 좋아하게 된 마음, 더 나아가서는 매사에 자신감도 생기게 되었다. 이 모든 발단은 내가 밥 사 주면서 공부시킨 친구들 덕에 가능했던 것 같다.

명심하자. 내가 이해한다는 정도로는 부족하다. 책 없이 남을 가르칠 수준이 되도록 연습에 연습을 거듭하자. 그러면 영어 정복은 확실하다!

실력이 쑥쑥 자라는 거울학습법

"선생님, 저 이제 to부정사 확실히 알 것 같아요."

"오~ 그래? 공부를 열심히 했나 보구나?"

"그럼요. 이 책을 몇 번 정독 했더니 이제 다 알 것 같네요."

"어디 그럼 한번 볼까? to부정사에 대해서 말해 봐."

"엥? to+동사원형, 그거 말고 제가 할 말이 뭐 있어요. 문제 내면 풀 줄은 알지만……."

"그거밖에 할 말이 없어? 책을 몇 번 봤는데 정말 그 이상 할 말이 없어?"

"음……. 책을 보고 설명은 이해했는데 말하라니까 잘 못하겠어요."

"그렇다면 완전히 이해한 게 아니야. 다시 공부해야겠는걸."

영어를 공부하는 사람들이 가장 많이 겪는 착각 중 하나가 바로 '대충 이해한 것'을 '완전히 안다'고 믿는 것이다. 특히 문법과 관련된 내용을 물어보면 저 대화 속의 학생처럼 대답하는 사람이 정말 많다.

  열심히 공부했다는 것은 인정해 줘야겠지만 그것에 대해서 단 5분도 할 얘기가 없다면 그건 전혀 이해한 것이 아니란 말이다. 누가 어떤 부분에 대해서 물어보면 최소한 큰 윤곽을 짚어 가면서 체계적인 대답을 해 줄 수 있어야 확실히 이해한 것이라고 말할 수 있다. to부정사를 한번 설명해 보자.

  to부정사는 동사원형에 to를 붙인 것인데 동사를 명사, 형용사, 부사로 사용하기 위함입니다. 명사일 때는 '~하는 것'이라 해석하며 문장에서 주어나 목적어 혹은 보어로 사용됩니다. 형용사일 때는 명사를 수식하는데 '~할'이라고 해석하며 단순 수식의 용법과 2형식과 5형식 보어로 사용되는 용법이 있습니다. 부사일 때는 동사 수식이 대표적인 경우인데 '~하기 위해서'라고 해석되며 이 외에도 형용사 수식이나 부사 수식의 용법도 있습니다.

  만약 그 학생이 이 정도로 얘기했다면 나는 열심히 공부했다는 말을 신뢰했을 것이다. 이렇게 짧지만 to부정사가 무엇이란 것을 확실히 말할 줄 알아야 제대로 이해한 것이라고 나는 생각한다. 이렇게 말할 수 있으려면 여러 번의 반복과 세부적인 학습이 필요하다. 그냥 대충 훑어보면 절대 경지에 오를 수가 없다. 여러 번의 반복과 완전한 이해로 머릿속에 학습한 내용이 지도처럼 쫙 펼쳐져 있어야 이해한 것이라고 볼 수 있다.

내가 좋은 방법을 하나 소개해 주겠다. 일단 공부를 열심히 하고 나서 제대로 이해했는지 자신을 평가해 보고 싶으면 내가 알려 주는 방법을 한번 써 보기 바란다.

일단 무언가를 공부했다면 거울을 보며 자신에게 말해 보라. 대충이 아니라 조리 있고 체계적으로 자신이 알고 있는 것을 말해 보라. 대충 공부한 사람들은 이게 잘 되지 않는다. 나는 거울 보고 말하는 것을 조금 응용해서 동영상을 스스로 찍어 봤다. 공부를 하고 나서 노트북 카메라를 켜 놓고 마치 강의를 하듯이 정리를 해 보는 것이다. 문법, 회화, 어휘 등 형식에 관계없이 배운 것을 자신 있게 말하는 연습을 했는데 그러다 보니 자연스럽게 강의 실력도 늘게 되었다.

밤새서 공부하고 있는데 친구가 와서 모르는 것을 물어볼 때 거침없이 시원하게 대답해 주는 순간에 전해지는 쾌감. 그리고 반대로 말이 꼬이고 제대로 대답을 못해 주었을 때의 창피함. 이런 경험은 한 번쯤 해 봤을 것이다. 앞으로 누군가 영어에 대한 것을 물어봤을 때 거침없이 말할 수 있게 많은 연습을 해 보길 바란다.

명심하자! 제대로 이해했다면 그것에 대해서 줄줄줄 말로 나올 정도가 되어야 한다. 그것은 문법에만 국한된 것은 아니다. 리스닝이라면 '따라 읽기(shadowing)'가 유창하게 되어야 하며 독해라면 단어의 뜻을 하나도 써 놓지 않은 상태에서 바로바로 해석이 되어야 한다. 회화라면 자기가 하고 싶은 말을 영어로 할 수 있어야 한다. 자, 준비되었는가? 바로 지금 거울 앞에 서 보자! 매일매일 거울과 가까워지자.

투입량이 많아야 산출량도 많다

양이냐 질이냐는 닭이 먼저냐 달걀이 먼저냐는 질문처럼 딜레마다. 하지만 나는 하나만 택하라면 영어공부에서는 양이 더 중요하다고 말하겠다. 물론 기본적으로 어느 정도의 질은 확보되어야 한다.

왜 영어학습에서 양이 더 중요한 걸까? 그것은 모국어 형성 과정을 보면 자연스럽게 답이 나온다. 아이들은 문법을 몰라도, 원인이나 이유를 몰라도 말을 한다. 잠자는 시간을 제외한(어쩌면 잠자는 시간 중에도 들릴 수 있겠지만) 지각하고 인지하는 모든 시간 동안 시각적·청각적으로 막대한 양의 모국어가 쏟아지고 있는 것이다. 당연히 그 아이는 두세 살만 되어도 해당 모국어를 상당히 구사하며 다섯 살이나 여섯 살 정도라면 어른들도 깜짝 놀랄 어휘력과 표현법들을 쏟아낸다. 이것을 보면 언어를 습득하는 데에는 질보다는 양이 기여하는 효과가 엄청나게 크다는 것을 반증한다.

역으로 말해서 우리나라에서 영어를 공부하는 학습자를 생각해 보자. 우리는 흔히 이런 말을 하곤 한다. 중학교, 고등학교, 대학교까지 영어를 10년 넘게 공부를 했는데 제대로 영어를 구사할 줄 모른다며 뭐가 잘못되었네 뭐가 잘못되었네 하는 소리를 쏟아낸다.

정말 10년 넘게 영어를 공부한 걸까? 그 10년간 하루에 2시간을 꼬박꼬박 영어를 공부했다고 해 보자(하지만 실제로 매일 2시간을 한다는 것이 쉽지는 않다). 그렇다면 365일×10년×2시간=7,300시간이다. 이는 날짜로 환산하자면 약 304일에 해당하며, 그렇다면 이는 영어가 모국어인 아이가 첫돌이 지날 무렵까지 듣고 말하는 영어의 양에 해당한다는 결론이다. 생각해 보자. 아무리 미국 꼬마아이라도 첫돌이 이제 막 지난 아이가 영어를 얼마나 할까? 여러분은 첫돌이 지난 미국아이보다 더 영어를 잘할 수 있는가?

단순 산술식으로만 계산해도 우리가 10년 공부한 양은 실제로는 1년 정도를 공부한 셈이란 얘기다. 그러나 그 1년도 강도 있게 몰아쳐서 공부한 것이 아니라 10년에 나누어 공부했으니 그 효과는 훨씬 떨어지기 마련이다. 미국 꼬마아이가 1년 동안 듣게 되는 영어의 양에 훨씬 못 미치니 느린 학습효과는 당연한 거다. 그러니 10년 공부해도 영어가 쉽게 늘지 않는 건 당연한지도 모른다.

하지만 그것은 자기변명이며 자기 합리화다. 왜냐하면 똑같은 중고교 시절을 보내고 똑같이 대학교를 나온 사람 중에도 분명 영어를 잘하는 사람들이 있기 때문이다. 영어권 국가에서 살다온 경험이 없는데도 말이다. 그럼 그들은 왜 영어를 잘할까?

결론은 딱 하나다. 그들이 언어에 대한 천재적 감각을 지닌 사람이 아닌 이상은 여러분보다 영어를 많이 보고 듣고 말해 보았을 것이다. 즉 다른 사람들이 하루 평균 2시간 공부할 때 그들은 4시간 심지어 8시간을 확보하여 공부했던 것이다.

정말 영어를 잘하고 싶은 열망이 용솟음치고 굳게 밀고 나갈 의지가 있는가? 지금이라도 안 늦었다. TV를 보아도 영어로 된 걸 보아야 하며 책을 읽어도 영어로 된 책을 읽어야 한다. 지식검색을 해도 네이버나 다음이 아닌 구글에서 해야 하는 것이다. 동영상 볼거리를 보더라도 유투브를 통해서 보아야 하는 것이다. 노래를 들어도 팝송을 들어야 하며 혼잣말을 해도 영어로 해야 한다. 이런 걸 실천할 실력이 있고 없고는 하나도 중요하지가 않다.

미국 꼬마아이를 늘 기억하자. 그 아이가 실력이 있어서 영어로 된 매체를 접하는 것인가? 영어에 둘러싸여 살다 보니 실력이 시나브로 쌓인 것이다. 중요한 건 의지다. 이렇게 우리도 영어로 둘러싸여 살다보면 10년을 해도 안 되던 것이 1년 만에 승부가 난다.

영어공부에 군인도 예외없다

독자 분들 중에 군대를 다녀온 사람들도 있을 것이다. 그들에게 한 번 물어보자. 군대에 있을 때 공부를 했는가? 아마도 전혀 못했거나 혹은 했더라도 말년에 조금 한 정도일 것이다. 대부분의 남자들이 그랬을 것이고 제대 후에 다시 공부를 하려니 자신의 두뇌가 생각보다 훨씬 더 많이 망가져 있다는 사실을 알고 절망했을 것이다.

"상호야, 이 단어가 뭐니?"

"엥? 형! 장난해요? but이잖아요. '그러나.'"

"억! 그렇구나. 와, 정말 군대 다녀왔더니 돌이 되었나 봐. 이런 단어로 생각 안 나고. 흑흑."

내가 대학 2학년 때 군대를 막 제대한 선배가 나에게 but이란 단어를 물었던 적이 있다. 지금도 그 일이 잊히지 않는다. 선배가 보던 잡지는 영어로 된 잡지였는데 BUT이 대문자로 써 있었긴 했지만 그래도 공부 잘했던 선배가 그 단어를 모른다니 내게는 충격적인 일이었다. 그 일은 내가 군대를 가서도 꼭 공부하겠다는 각오를 다지는 계기가 되었다.

그러나 막상 군대를 가 보니 공부할 여건이 정말 주어지지 않았다. 시간도 없으려니와 혹시 시간이 남는다 해도 이등병이나 일병의 짬밥으로 책을 꺼내어 본다는 것은 엄두가 나지 않았다. 졸병이 책을 꺼내면 "어쭈 너! 내가 시킨 일 다 했나 보네? 어디 한번 볼까?" 뭐 이런 식으로 고참들이 소위 '갈구기' 시작한다. 정자세로 앉아 TV를 보는 것은 아무 말 안 해도 책을 보는 건 금기였다. 요즘 군대는 좋아졌다고는 하지만 별로 큰 변화는 없을 것 같다.

군대에서는 전혀 공부를 못한다고 생각하니 답답했다. 군인이 평생 내가 가야 할 일이라면 충성을 다 하겠지만 제대 후의 삶은 내가 책임져 가야 하는 것이니까. 그래서 조금 무리를 하기로 했다. 밤에 야간 교대근무 전이나 후에 조금이라도 공부를 하기로 마음먹은 것이다.

고참들의 눈치를 봐 가며 이불을 뒤집어쓰고 손전등을 켜서 공부했다. 피곤했지만 단 30분이라도 공부를 하면 오히려 마음이 더 후련했다. 또한 영어 사전을 하나 구해서 매일 한 장씩 찢어서 가지고 다니며 틈나는 대로 보았다. 무조건 하루에 한 장 이상은 찢었고 다 외우려고 애를 썼다. 이렇게 나의 소중한 미래를 위해서 할 수 있는 최대한의 노력을 하고 있다는 생각에 스스로 대견했고 자랑스러웠다.

그렇게 몰래몰래 공부한 지 1년여가 지나고 상병이 되었다. 상병이 되면 여가시간에 대놓고 책을 보아도 되는 시기다. 이때가 오기를 얼마나 기다렸는지 모른다. 그래서 휴가가자마자 복귀 후 공부할 책들이며 리스닝 공부를 위한 테이프와 카세트플레이어까지 준비해 왔다. 그런데 이게 웬 날벼락! 당시 북한과의 관계 악화로 전군에 비상이 걸렸다. 비상조치 중 하나는 북한방송청취 혹은 군사기밀녹취방지를 위해 보안상 카세트플레이어 사용 금지였다. 생각해 보라! 1년여를 기다려 리스닝 공부를 할 수 있게 되었는데 하필 이때 금지령이 내려지다니! 난 너무 분했다. 며칠을 고민한 끝에 결국 대대장님께 진심 어린 편지를 썼다.

"영어공부를 꼭 해야만 하는 처지입니다. 군사기밀이 문제라면 녹음 기능이 없고 라디오 수신 기능이 없는 오로지 테이프만 재생할 수 있는 기능의 기계로 다시 구입하겠습니다. 제발 공부할 수 있도록 허락해 주십시오."

뭐 이런 내용이었는데 눈물이 날 정도로 구구절절했다. 진심과 열의를 담아 글을 쓰다 보니 편지는 3장이나 되었다. 편지를 읽은 대대장님은 예외적으로 나에게만 카세트플레이어 소지를 허용했다. 그때의 내용기는 지금 생각해도 놀랍다. 사실 일개 상병의 건의 편지는 건방지다고 받아들일 수도 있는 일이었다. 넓은 아량을 지닌 대대장님께 지금도 감사하고 있다. 하지만 거기서 그 명령을 그대로 따랐다면 아마 나는 제대할 때까지 리스닝 공부를 하지 못했을 것이고 제대 후에 나의 선배처럼 엄청 고생했을 것이다.

앞으로 군대를 갈 사람이든 혹은 다녀온 사람이든 아니면 아예 군대를 안 가는 사람이든 한 가지만 기억했으면 한다. 세상에 바쁘지 않은 사람은 없다. 공부할 시간이 펑펑 남아도는 사람은 아무도 없다. 다들 이래서 공부 못하고 저래서 공부 못한단다. 전공 공부해야 하고 자격증 준비해야 하고 친구 만나야 하고……. 이런저런 이유로 공부할 시간이 도저히 안 난다는 사람 너무 많이 만나 봤다.

그런 분들 덕분에 나는 하루에 30분만 시간을 짜냈어도 오늘날 영어를 잘하게 되었다. 아마 세상 모든 사람들이 나처럼 30분이라도 공부했다면 나는 1시간 이상 더 짜냈어야 했을 것이다. 아무도 이용하지 않는 시간을 남들보다 30분씩 매일 내는 것! 그것이 내가 영어를 잘하게 된 결정적 이유 중에 하나일 것이다. 생각해 보라. 매일 30분이다. 남들보다 30분만 더 낼 수 있는 끈기만 있어도 여러분은 쉽게 성공한다. 왜냐하면 대부분의 사람들은 그렇게 안 살기 때문이다.

이 책을 읽는 여러분들은 꼭 이렇게 공부하길 바란다. 단 가끔씩 생각 날 때만 책을 들여다보는 것은 도움이 되지 않으니 차라리 푹 자라. 다시 한 번 얘기하지만 지독한 마음이 있어야 한다. 미래에 대한 기대감과 희망으로 고난과 역경을 이겨 내는 사람의 성공이 더 빛나는 법이다.

회화냐 문법이냐 그것이 문제로다

"선생님, 이제 영어를 좀 해 보려고 선생님을 찾아왔습니다."
"그래, 잘 생각했다. 같이 열심히 해 보자."
"근데 회화를 먼저 해야 해요? 문법부터 해야 해요?"
"넌 어떤 게 더 필요한데?"
"저요? 음, 잘 모르겠는데 그냥 영어 잘할 수만 있으면 돼요."

영어를 잘한다는 것은 어떤 것일까? 외국 사람과 자유로이 대화를 나누는 것? 자막 없이 영화를 보는 것? 맞다. 그런 것이 영어를 잘하는 거라고 할 수 있다. 그렇게 되려면 뭘 해야 할까? 참 해야 할 일이 많다. 단어도 외워야겠고 문법도 해야겠고 독해도 해야 하고 청취도 해야 하고 회화공부도 해야 한다. 이 모든 것이 하나로 이어져서 잘 구사될 때 우리는 영어를 잘한다고 말한다.

최선의 방법은 이 여러 가지 영역(듣기, 읽기, 쓰기, 말하기)을 매일 골고루 하는 것이다. 정답은 바로 '매일매일 고루고루 한다.'인데도 학생들은 내게 굳이 어느 것부터 해야 하냐고 선택을 강요한다.

어쩔 수 없이 선택하자면 내가 추천하는 방식은 문법부터 공부하는 것이다. 내가 말하는 문법이란 여러분이 생각하는 케케묵은 문법과는 다르다. 영어로 글을 쓰고 말을 할 수 있게 만드는 문법을 말한다. 나는 늘 문법수업을 그렇게 이끌어 간다. 이런 법칙에 의해서 이렇게 쓰고 말하는 것이라고. 내 수업을 받은 상당수의 학생들이 문법의 효과에 놀라워한다. 문법은 그냥 시험 볼 때나 필요하지 오히려 영어공부에는 방해된다는 오해를 해 왔던 사람들일수록 놀라움의 정도는 더 크다.

여러분도 문법에 대한 편견을 버리길 바란다. 문법을 왜 미워하는가? 어려워서? 그럼 쉽게 가르쳐 주는 선생님을 만나면 된다. 문법은 필요 없다고 생각하는가? 절대 아니다. 말을 하는 규칙을 알게 되면 그에 맞추어서 언어를 배우는 속도가 훨씬 빨라진다.

예를 들어, force를 '강요하다'라고만 외우면 평생 문장 하나 만들 수 없다. 'force+목적어+to부정사'라는 5형식을 알아야

He forced me to stay(그는 내가 머무를 것을 강요했다).

라고 '말'을 할 수 있다.

예를 하나 더 들어 보자. 앞의 문장을 "그가 강요했니?"라고 의문문을 만들려면 또다시 문법이 필요하다. 즉 의문문은 SV가 아닌 VS의 순서로 이루어지는데 force 같은 일반 동사를 의문문으로 만들 때에

는 do라는 조동사가 필요하고 그로 인해 forced는 do의 과거시제를 쓴 후 동사원형으로 바뀌어야 한다. 정답은

Did he force me to stay(그가 나에게 머무르라고 강요했니)?

이다.

　이런 것을 일정한 규칙으로 기억하고 있으면 응용력이 생겨서 자유롭게 말을 만들 수 있게 된다. 규칙을 모르고 배운다면 머릿속에 잘 기억이 남지 않을뿐더러 응용력도 생기지 않아 모든 문장을 일일이 외워야 한다. 미국의 꼬마아이는 문법을 몰라도 말을 잘하지 않냐고 반문을 던지는 사람들도 있다. 그건 우리의 상황과 전혀 다르다는 것을 배제한 채 하는 말이 아닌가?

　미국의 꼬마아이는 24시간 영어가 쏟아지는 환경 속에 놓여 있다. 우리는 하루에 한 시간도 그럴 기회가 없다. 따라서 24시간 영어의 바닷속에서 저절로 체득되는 문법적인 감각을 우리는 인위적 노력으로 따라잡아야 하는데 그것에 꼭 필요한 것이 제대로 된 문법 수업이다.

　다시 한 번 강조하건대 제대로 된 수업이어야 한다. 그저 남이 쓴 책을 보고 공부해서 그대로 전해 주는 정도의 실력을 지닌 선생님에게서 배우는 것은 죽은 문법일 수밖에 없다. 그런 선생님은 지탄의 대상이 되는 것이 마땅하다. 제대로 된 문법수업은 문법이 영어를 아주 잘 쓰고 말할 수 있는 날개가 되게 해 준다. 나는 그런 수업을 하고 있다고 자신 있게 말할 수 있는 사람이다.

　거북하게 들릴지도 모르지만 나는 정말 자신 있다. 그리고 실제로

내게서 수업을 받은 수많은 학생들이 그 사실을 인정해 주고 있다. 우리가 영어회화를 할 때도 영작을 할 때도 심지어 리스닝을 할 때도 문법에 맞는 글을 말하고 쓰고 듣는다. 문법이라는 아주 훌륭한 도구를 먼저 알지 못하고 영어를 시작한다는 것은 속된 말로 '맨땅에 헤딩'이라고 보면 된다.

가끔 문법을 안 하고 영어를 잘하게 되었다는 사람들의 얘기도 듣곤 한다. 이 사람들은 정말 지겨워 죽을 정도로 반복을 한 사람들이다(즉 미국 꼬마아이의 언어 습득과정을 따라간 것이다). 그리고 이런 와중에 문법을 공부 안 했다고 하지만 사실은 간접적으로 배울 수 있었던 것이다. 결국 문법이 필요 없다는 사람도 문법을 알고 있는 것이다.

나는 문장의 5형식을 필두로 여러 가지 영어 문법을 매우 강조하는 사람이다. 문법을 배워 두면 '훨~씬 쉽게' 영어를 만날 수 있다는 것이다. 내가 항상 강조하는 것이 '효율적인 방법'이다. 문법을 배워 두면 영어의 전체 구조를 효율적으로 한눈에 알 수 있게 된다.

그 예로 나를 찾아오는 학생들 중에도 계속 700점 근처를 머물다가 제대로 된 문법을 학습한 후 900점 이상으로 훌쩍 넘는 일을 많이 보았다. 그리고 회화 등에 자신 있게 접근하는 모습을 보게 된다. 하나같이 하는 말은 "문법을 제대로 공부해 본 적이 없는데 막상 공부를 해보니 정말 편하네요."이다.

이렇게 나는 문법을 강조하지만 일정 수준이 되면 문법에 너무 얽매이지 말라고 조언하는 것도 잊지 않는다. 기본 규칙을 익히고 나면 그 다음에는 영어를 많이 읽고 보고 듣고 말함으로써 몸에 딱 붙여 놔야 하는 것이다. 여러분도 꼭 내 말을 귀담아 듣고 그대로 해 보길 바란다. 나중에는 내가 문법을 공부했었나 싶을 정도로 영어가 습득된 반열까지 올라가리라 믿는다.

"선생님 영어 문법 공부 좀 안 할 수 없나요?"
"왜? 하기가 싫으니?"
"당연히 싫죠. 뭔 소리인지도 하나도 모르겠고."
"학원은 다녀봤니?"
"다른 학원 좀 다녀 본 적은 있는데 하나도 모르겠어 가지고 결국 그만두고 자습만 했어요. 자습해도 모르긴 마찬가지였고요. 마지막으로 선생님께 와 본 거예요. 쌤한테 해도 안 되면 그냥 영어 포기하려고요."
"그래, 정말 이번이 마지막 기회라는 각오로 열심히 한번 해 보자꾸나. 문법이 얼마나 재미있는지 알려 줄게."
"네!"
영어를 공부하는 사람들에게 영원한 숙제가 하나 있다. 바로 문법이다. 수많은 사람들이 문법을 어려워하고 또 어렵다 보니 싫어한다. 문법에 대한 이런 불만은 나도 충분히 이해한다. 용어 자체들도 어렵고 좀 배워 봐도 진짜 영어문장에 적용하기도 어렵다. 이렇게 이해가 안 되다 보니 배워 봐야 쓸모없어 보이기 마련이다. 그래서 수많은 사람들이 자기가 영어를 못 하는 탓은 다 이놈의 문법 탓이라고 생각한다. 문법만 강조하는 소위 죽은 영어를 배워서 자기가 영어를 못 한다는 둥 제도의 희생자라는 둥 뭐 이런 소리를 한다.

그럼 문법만 강조한 교육을 받은 그 사람은 문법은 제대로 알까? 문법을 정말 제대로 알았다면 절대 그런 소리 안 할 것이다. 그래서 나는 적어도 나에게 교육을 받은 학생들만큼은 문법을 정말 재미있게 배우게 하고 싶고 또한 배운 것을 그대로 활용해서 실제로 영어를 쓰고 말할 수 있게 하고 싶다.

그래서 부단히 연구했고 그 연구결과대로 학생들을 가르치다 보니 이제는 우리 학생들이 더 문법의 신봉자가 되어 버렸다. 오히려 내가 나서서 "넌 이제 문법에 너무 집착했어. 이제 그만 다른 공부를 좀 더 해야지. 문법만 너무 해도 안 되는 거야." 하고 말려야 할 지경이다.

올바른 영어 문법을 배우니 너무 신기하고 재미있어서 계속 문법만 공부하고 싶다는 학생들도 상당히 많다. 전혀 영어에 관심 없던 학생이, 신기할 만큼 이해가 잘되도록 가르치는 나를 보며 자신도 영어강사의 꿈을 가지게 되었다고 말하는 경우도 꽤 있었다. 수업 중에 여기저기에 좀 나이가 있다 싶으신 분들은 거의 어김없이 현직 초중고 선생님들이거나 심지어 다른 학원 강사님들인 경우도 있었다.

"영어 선생님들조차 돈 내고 듣고 싶은 수업을 하자!"

학교나 학원 선생님들은 당연히 영어실력을 갖추고 있다. 더구나 문법이라면 알 만큼 알고 있을 것이다. 정해진 법칙이 있기 때문에 한 번 배워 놓으면 별다른 게 있을까 싶은 분야가 바로 문법이다. 그러나 문법을 잘 가르친다는 것은 쉬운 일이 아니다.

왜 문법을 하기 싫어하는가? 해 보려 해도 하나도 모르겠다고? 아직 제대로 배워 본 적이 없어서일 것이다. 책에서 배운 것으로만 가르치는 선생님만 만났다면 문법이 싫을 것이다. 그 점에 대해서는 선생님들을 대표해서 내가 대신 사과하고 싶은 심정이다.

이제 제대로 배워 보자! 올바른 선생님으로부터 제대로 배워 보면 '아, 이거구나.' 할 것이다. 즉 문법이 해도 해도 모르겠는 블랙홀 같은 존재가 아니라 쉽게 이해가 가게 가르쳐 줄 좋은 선생님을 못 만나본 경우에 그런 부작용이 나타나기 마련이다.

문법을 웬만큼 하긴 했는데 아무 데도 적용도 못 하겠고 왜 배웠나 싶다고? 거기서 더 나가야 한다. 그게 과도기다. 그걸 참고 견뎌 낸 사람들이 궁극의 고지 즉 영어를 완성하는 단계에 오르게 된다. 생각해 보라. 누구나 다 할 수 있다면 그것에 대해 주어지는 대가도 적기 마련이다. 희소성이 없으니까. 거꾸로 대부분의 사람들이 도달하지 못하는 단계지만 여러분이 거기에 도달하면 주어지는 대가는 그간의 고생을 상쇄하고도 남음이 있다. 분명 있다. 좀 더 참고 좀 더 연습하길 부탁드리고 싶다.

문법은 말의 규칙을 정리해 놓은 것이다. 따라서 그 법칙대로만 하면 실수가 많이 줄어들며 하고 싶은 말을 자유로이 하게 된다. 어떻게 하면 영어를 잘할 수 있냐고 묻는 사람들이 많은데 영어를 잘할 수 있는 법을 일목요연하게 정리해 놓은 문법을 강조하면 시큰둥해하는 사람들은 난 정말 이해하기 어렵다. 영어권 국가에서 한 10년 살다 올 수 있으면 그렇게 해라. 그럴 수 있다면 내 말을 안 들어도 좋다. 난 우리나라에서 영어를 완성하기 위한 방법만 얘기하는 것이고 그럴 수밖에 없는 처지의 사람들을 위한 얘기를 하는 것이다.

　첫째, 보통 문법을 공부하지 않고도 영어를 잘하게 되었다는 사람들을 자세히 살펴보면 일단 영어에 대해 노출량이 엄청나다. 여러분들 자신을 생각해 보라. 여러분들은 어릴 때부터 한국어에 둘러싸여 살아왔다. 싫든 좋든 마주치는 게 한국인밖에 없고 그들과 의사소통을 해야 되니 자연스럽게 한국어 실력이 생기게 된 것이다. 그런데 영어를 그런 식으로 몸에 체득시킨다고 생각해 보라. 우리나라 사람들은 영어가 모국어가 아니기 때문에 의도적으로 노출을 하려고 노력을 해야 한다. 그런데 이 노출량이 그냥 많으면 안 된다. 엄청나게 많아야 한다. 앞에 다른 글에서도 밝힌 것처럼 하루에 매일 한 시간씩 해도 10년간 공부해 봐야 미국 아이가 1년간 영어를 보고 듣는 양에밖에 못 미치는 일이란 것을 명심해라. 따라서 문법이라는 영어를 잘하게 해주는 비법의 틀이 없이 영어를 완성하려면 살다오는 수밖에 없다.

　둘째, 일정한 법칙을 모른 채 열심히 영어공부를 하게 되면 자기가 외운 만큼만의 영어만 말할 수 있다. 자신이 완전히 외워 버린 문장만 말로하고 영작을 할 수 있다는 것이다. 법칙을 모르니 응용력이 생기질 않는다. 슬프지만 영어는 우리의 모국어가 아니기 때문에 이럴 수밖에 없다.

  셋째, 아무리 영어공부의 양이 엄청날지라도 언제나 공부한 내용 중 의심 가는 부분이 남아있게 된다. 아무리 장시간 공부를 하고 사전을 찾아봐도 문법을 제대로 모르면 미심쩍은 부분이 한두 군데가 아니다. 예를 들어 "He allowed me to drink coffee." 라는 문장을 해석한다고 치자. 여기서 to drink는 목적보어이기 때문에 목적어인 me를 수식하여 "내가 커피를 마시도록 허락했다."라고 해석하는 것이 좋다. 그러나 어떤 사람은 to drink를 부사로 보아 "커피를 마시기 위해서 허락했다."라고 동사를 꾸미는 것으로 잘못 이해하기도 하며, 심지어는 그렇게 해석하면 왜 안 되냐고 따지기도 한다. 이는 allow가 5형식이란 것을 몰라서 생기는 오해다. 문법 하자 때문에 터무니없는 해석을 해서 제대로 정보를 전달하지도 전달받지도 못하는 사태가 벌어지는 것이다.

  자, 결론을 내려 보자. 문법을 공부하지 않고 영어를 잘한다는 사람들도 결국은 문법을 알게 모르게 공부했기 때문에 잘하는 것이다. 그런데 이들보다 훨씬 효율적으로 빠르게 영어를 공부할 수 있는 방법이 있다. 바로 문법을 처음에 제대로 공부하는 것이다. 내가 장담컨대 지금은 머리가 아프고 쳐다보기도 싫은 문법이지만 여러분이 조금만 문법을 알게 되면 영어에 다른 세계가 열릴 것이라고 장담한다.

용기 있는 자가 미인을 얻는다

내가 고등학교를 다닐 때 친구의 부탁으로 잠시 편의점 아르바이트를 하고 있을 때였다. 저녁때였는데 갑자기 어떤 외국인 여자가 휙 들어오는 것이다. 어느 나라 사람인지는 알 수 없었지만 영어를 쓰는 것으로 봐서는 미국이나 캐나다에서 온 사람 같았다. 그때만 해도 나는 외국인을 진짜로 만나 본 경험이 없었기 때문에 꽤나 신기하게 그 여자를 쳐다봤던 것 같다. 그런데 갑자기 말을 걸고 싶어지는 게 아닌가? 여러분도 그런 경험이 있는지 모르겠다. 나는 무턱대고 말을 해 버렸다.

"How are you?"

그러자 그쪽에서 날 보고 방긋 웃어 주더니

"Great. How about you?"

하고 말했다.

친절해 보이는 인상에 힘을 얻어 그다음에는

"Where are you from?"

"How old are you?"

아는 영어는 다 해 봤다(나중에 알았지만 나이를 묻는 것은 꽤나 실례되는 말이다). 결국 그녀가 캐나다 출신이며 근처 대학교에 다니는 교환학생이란 것을 알게 되었고 또 연락처까지 알게 되었다. 그 후로 한동안 그 학생과 전화 통화도 하고 몇 번 만나기도 했다. 그런데 그 외국인 학생이 처음 만난 날 편의점을 나가면서 한 말이 아직도 기억이 난다.

"Be more confident. Your communication skill is pretty good. You know confidence is everything!"

번역해 보면 "자신감을 더 가져라! 네 영어 의사소통 능력은 꽤 괜찮다. 자신감이 제일 중요하다!"라는 소리다. 그날 이 말 한마디에 나는 천군만마를 얻은 것처럼 뿌듯했다. 그렇게 외국인과 제대로 대화해 본 것도 처음이었고 외국인에게 칭찬을 들어보기는 더더욱 처음이었기 때문이다. '용기 있는 자가 미인을 얻는다'는 속담처럼 영어공부와 잘 어울리는 말이 있을까? 여러분이 일상생활에서 영어실력을 발휘할 수 있는 순간 또는 외국인을 만나는 순간 등 자신의 실력에 대해 의문을 가지고 입이 떨어지지 않을 때는 이렇게 생각해 보는 것이 도움이 될 것이다.

"Confidence is Everything."

나는 영어공부를 하면서 이런 상황을 여러 번 겪었다. 재미도 재미지만 내 기억에 아직도 생생하게 남아 있는 이야기가 있다.

내가 대학교 시절 영어공부를 할 때였다. 다들 가는 어학연수 갈 돈이 없어 어떻게 외국인과 영어를 해 볼까 하고 밤낮을 고민하다가 생각해 낸 것이 MSN메신저였다. 지금은 있는지 모르겠지만 그 당시에는 전 세계적으로 이어져 있는 채팅창이 존재했었다. 야후도 그랬다. 그래서 세계 어떤 국가의 사람하고도 얘기를 할 수가 있었다. 해당 국가를 클릭하고 아무 데나 들어가 무작정 말을 걸었었다.

대부분 나라나 성별을 얘기하면 무시당하기 일쑤여서 한때는 여자인척 하고 채팅을 한 적도 있었다(여자인척 하다가 군대 얘기가 무의식적으로 나와 남자인 것이 들통 나 강제 퇴장당했다). 이렇게 무작정 채팅을 하다가 국내에 들어와 있는 외국인도 만나 본 적이 있다. 재미 교포들의 모임이었는데 나는 'Korean Boy'라는 닉네임으로 모임에 참여해 서로 즐겁게 대화를 나눈 적이 있다. 그 외에도 여러 번의 모임에 나갔고 영어실력도 많이 늘게 되었다. 지금 돌이켜 보면 이런 경험도 나에게는 소중한 자산이 되었다.

또 기억에 남는 에피소드는 학원 강의를 갓 시작했을 때였다. 그때 나는 사람들에게 잘 알려지지 않은 강사였다. 전주에서 강사생활을 시작하며 기반을 잡으려 애쓰고 있었다. 이때 토익을 준비하는 사람들이 모두가 모여 드는 사이트인 '해커스'에 자주 들렀다. 처음엔 그냥 자료나 학생들이 올린 글 등만 보기만 하다가 나도 여기서 강의를 해 보고 싶은 생각이 들었다. 이 사이트의 명성은 대단해서 사실 지방에서 이제 갓 수업을 시작한 강사가 강의를 한다는 것은 사실 누가 봐도 불가능한 일이었다. 하지만 나는 그냥 물러서지 않았다. 지원서와 함께 비법이, 담긴 노트도 보냈다.

    결국 강의를 녹음해서 보내라는 연락이 왔고, 자료를 보낸 후 면접을 보러 오라고 했다. 결국 나는 면접을 통과하여 전국적인 인지도가 있는 그 사이트에서 온라인 강의를 하게 되었다. 나중에 알게 된 일이지만 그렇게 지원한 사람이 상당히 많았다고 한다. 대부분 서울에 있는 강사였다는데 지방에 있는 이름도 없는 강사에게 기회를 준 것은 대단히 이례적인 일이었다.

    비록 온라인 강의지만 전국 강의를 했고, 그렇게 약 2년간 매달 수만 명의 수강생들이 내 강의를 무료로 들었다. 덕분에 내 인지도도 많이 올랐다. 당시 좋은 기회를 준 해커스에도 감사하며 무엇보다도 내 강의를 열심히 청강해 준 수십만 준비생에게도 진심으로 감사한다.

    나의 인생에서 모두 한 걸음 나아가고자 용기를 내었던 순간들을 한 번 두서없이 꺼내 보았다. 영어학습과 직접적인 관계가 없어 보일지 몰라도 영어공부에는 결국 용기가 필요하다는 것을 얘기해 보고 싶었다. 항상 기회는 찾아오기 마련이다. 갑자기 찾아온 기회를 잡기 위해서는 자신감이 필요하다. 때로는 무작정 들이대는 것이 합리적인 판단보다 더 좋을 때가 있다. 영어는 실수하면서 배우는 것이기 때문에 이 방법이 옳을 수도 있다. 다시 한 번 강조하지만.

    용기 있는 자가 미인을 얻는다. 그리고 그 용기 있는 자가 영어도 잘한다.

| 제 3 장 |

토익달인의
영어공부 기술

It's now or never.
지금이 아니면 다시는 못한다.

토익달인의 노트정리비법 '트리플 노트'

"쌤, 요거 왜 동사원형을 갑자기 쓰는 거죠? 전혀 이해가 안 가네요."
"아, 그거? 9과에서 배운 부분인데 어디 노트 펴 볼까?"
"노트요? 전 그냥 책에 쓰는 편인데요."
"그래? 그럼 책에라도 잘 썼나 보자. 137쪽이었는데 펴 볼래?"
"그런 내용 없는데요?"
"분명히 내가 칠판에 써 준 내용인데. 필기를 안 한 모양이네."

수업시간에 보면 상당수의 학생들이 책에다 필기를 한다. 책의 빈 공간을 활용해서 깨알 같은 글씨로 써 놓는 것이다. 그러다 나중에 자기 글씨도 못 알아봤던 경험을 한두 번은 해 봤을 것이다.

나는 사실 책에 필기하는 방식이 이해가 가지 않는다. 내가 좋아하지 않는 학생의 부류는 결석하는 학생, 지각하는 학생, 책 및 필기구

준비가 안 된 학생, 필기를 안 하거나 대충하는 학생, 수업시간에 문자를 보내거나 전화받으러 나가는 학생 등등이다(어떤 선생님이든 좋아하지 않을 것이다). 이런 학생들은 성적이 제대로 올라가지 않을 확률이 100퍼센트라고 장담한다.

성적이 쑥쑥 올라가는 학생들은 100퍼센트 필기를 열심히 한다. 그들이 공부를 못해서 노트에 빼곡하도록 적는 것은 결코 아니다. 오히려 많이 알수록, 공부에 맛을 들인 학생일수록 필기는 더 많이 한다. 이런 학생들은 공부 못하는 학생에 비해서 필기량도 많을 뿐 아니라 보기에도 좋게 필기를 한다. 여러 색의 펜을 활용해서 기억하기 쉽게 노트를 정리하는 것이다. 혹자는 이런 방법이 시간 낭비라고 하는데 실제로 보면 이러한 노트정리법은 성적향상과 직결된다.

나는 학생들이 수업시간에 미처 다 받아쓰기 힘들 정도로 말을 빨리 그리고 많이 한다(명심하라. 강사가 말이 빠르고 많은 것은 열정이 살아 있다는 증거다. 말이 느리고 칠판 가득 필기해 놓고 학생들이 필기할 시간을 주는 강사는 언뜻 좋아 보일지 모르지만 실제로는 그 시간에 남모르게 휴식을 취하기 위한 강사의 자기 편의적 발상인 것이다). 그렇게 빨리 말하는데 어떻게 예쁘게 정리하냐고 반문하는 학생들도 있다. 그런데도 분명 예쁘게 필기하는 학생들은 있다. 그들은 어떻게 노트를 정리할까? 지금부터 나만의 '트리플 노트' 정리법을 공개하겠다.

일단 노트 3권이 필요하다. 첫 번째 노트는 수업시간에 빠르게 받아쓰는 용도다. '애벌 필기 공책'이라고 할 수 있겠다. 두 번째 노트는 애벌 필기한 것을 다시 보아 가며 예쁘게 정리하는 노트다. 여기까지만 해도 상당히 공부에 내공이 있는 학생이다. 마지막 세 번째 노트까지

만드는 학생은 극히 드문데 이들이야말로 '공부의 신'이라 할 수 있다. 세 번째 노트에는 두 번째 정서 노트와 책의 내용을 종합하여 '자신만의 언어'로 내용을 정리해 놓는다.

두 번째 노트는 선생님이 한 말을 예쁘게 정리한 정도고 세 번째 노트는 자신만의 혼이 담겨 있다고 할 수 있다. 나만을 위한 비법서로 만든 것이니 다른 사람들이 알아보기도 힘들고 강의나 책의 내용과 동떨어져 보이기도 한다.

나는 학창시절에는 거의 모든 과목에 '트리플 노트'가 있었다. 특히 영어처럼 내가 좋아하고 공을 들이는 과목은 1년 동안 똑같은 내용을 여섯 번이나 옮겨 적기도 했다. 다시 정리하는 동안 새롭게 깨닫기도 했기 때문에 여러 번 반복해도 지루하지 않고 재미있고 신 났다.

'photo memory(사진기억, 영상기억)'란 달이 있다. 특별한 능력을 지닌 사람들인데 그들은 아무리 복잡한 내용이라도 필기나 별도의 암기 없이 마치 사진기가 사진을 찍듯 저장해 둔다. 선생님이 설명하면서 판서한 칠판, 중요한 내용이 쓰여 있던 펼쳐진 책이 그대로 머릿속에 저장되니 필요할 때마다 적당한 장면을 골라 쓰면 된다.

그런데 나의 수강생 중엔 이런 초능력자들이 종종 있었던 것 같다. 전 세계에 1퍼센트가 될까 말까 하다는 'photo memory'들을 나는 몇 번이나 봤다. 수업 중에 팔짱을 딱 끼고 전혀 필기를 하지 않았으니 기록하지 않아도 다 안다는 말 아닌가.

그동안 강의를 하면서 수많은 학생을 만났지만 노트 정리를 제대로 하는 학생은 극히 적었다. 대부분 책이나 연습장 등에 끼적거리기만 할 뿐 체계적으로 정리해 놓는 사람은 찾아보기가 힘들었다.

나는 노트 필기를 매우 강조한다. 그만큼 효과가 확실하기 때문이다. 어릴 때부터 노트 필기를 참 열심히 해 왔는데, 성격 탓도 있겠지만 학교 선생님의 덕이 컸다. 공부 잘하는 학생보다 노트 정리 잘하는 학생을 좋아했던 선생님께 배워서인지 아직도 그런 습관이 몸에 배어 있다. 강의나 강연 준비를 할 때마다 깔끔하게 노트에다가 한 번씩 써 봐야 내용이 정리되면서 기억이 잘된다. 이 과정을 건너뛰면 순서도 뒤죽박죽 섞여 버리고 두서없는 말을 하게 된다.

노트 정리가 왜 그렇게 중요할까? 노트 정리의 중요성을 몇 가지 말해 보겠다.

첫째, 노트를 정리하면 그날 배운 내용이 머릿속에 나만의 지도로 정리된다. 앞에서 말했듯이 학창시절에 나는 수업시간에 작성한 노트를 다른 노트에 옮겨 적었고, 다시 적으며 내용을 정리하고 불필요한 부분은 빼고 더 필요한 내용은 찾아서 추가했다. 물론 시간도 많이 걸리고 힘들지만 결코 시간 낭비가 아니다.

이렇게 한번 해 놓으면 내가 알아보기 좋게 일목요연하게 정리되어서 언제든지 공부에 큰 도움이 된다. 노트 하나만 가지고 다니면서 복습을 할 수 있으니 간편하기도 하다. 특히 영어문법을 배울 때는 이 노트 정리법을 이용하면 확실히 머릿속에 각인시킬 수 있다.

둘째, 노트는 시험 전에 매우 요긴하다. 중요한 내용, 내가 잘 모르는 내용, 자주 실수하는 내용 등을 일목요연하게 정리해 놓으면 시험 전에 한번 훑어보는 것만으로도 큰 효과를 얻을 수 있다. 나는 처음에는 노트에 방대한 양을 적어 놓았다가 점점 압축하여 요점 정리를 했다. 이를테면 노트 한 권이 A4 몇 장으로 줄고 나중에는 A4 한 장, 마지막에

커닝 페이퍼로도 쓸 만큼 작은 종이에 모든 내용을 집약할 수 있었다.

커닝 페이퍼는 실제 시험에서는 써먹으면 안 되지만 그걸 만드는 과정은 확실히 학습에 도움이 된다. 종이쪽지에 핵심을 간추리는 과정이 소중할 뿐 아니라 몇 글자 안 되는 내용단 보고도 전체가 생각나려면 어지간한 공부량으로는 승부가 나지 않는다.

셋째, 영어공부에 관심이 없는 사람에게는 정리 자체가 즐거움이 되어 동기부여가 될 수 있다. 평소에 영어를 싫어하고 못하는 사람들도 노트 정리를 일목요연하게 정리하는 버릇을 들이면 일단 그 자체가 즐거워져 재미를 느끼기도 한다. 문법, 예문, 단어 등을 보기 좋게 명확한 필체로 정리해 놓고 표나 그림 등도 정성껏 그려 넣다 보면 그 과목에도 관심이 가게 마련이다. 시간도 없고 귀찮아서 그냥 대충 노트 정리 하셨던 분들은 오늘부터라도 정성껏 노트 정리하는 버릇을 들이기 바란다. 이는 여러분의 영어실력 향상과 직결되니 바로 오늘 바꿔라!

구문분석 활용법

"선생님! 저 질문 있어요!"
"어. 무슨 질문인데?"
"구문분석이 뭐예요? 꼭 해야 하는 건가요?"
"그럼, 꼭 필요하지. 그거 잘하면 영어도 잘하게 돼."

1) The man is a dentist.
   그 남자는 치과의사이다.
2) The man whose job is a dentist has a car which is black.
   그 남자, 직업이 치과의사인, 차를 가지고 있는데, 검은색이야.

이 문장을 한번 보자. 해석하기가 어떤가?

1번 문장과 2번 문장의 뼈대는 같다. 'The man is a dentist.'가 뼈대 문장이다. 그런데 2번 문장은 왜 그렇게 길까? 바로 형용사절이 수식요소로 들어가 있기 때문이다. whose 절과 which 절이 각각 The man과 a car를 수식하고 있다.

　수식요소가 없어도 문장은 만들어진다. 긴 영어문장에서는 기나긴 수식요소 때문에 주어 동사를 파악하기가 힘든 것이다. 구문분석이란 이런 때 필요하다. 주어와 동사가 어디에 있고 어떻게 무엇을 수식하는지, 이런 것을 알아내는 것이 구문분석이다. 어느 정도 수준이 되면 일일이 이렇게 분석을 할 필요가 없지만 영어 초보자들에게는 반드시 필요한 작업이다. 일부 영어 참고서에서는 일부러 구문분석을 다루고 있지 않지만 나의 생각은 다르다. 적어도 영어를 시작하는 사람들은 반드시 구문분석을 해 봐야 한다.

　앞의 문장에 좀 더 단어를 추가해 보자.

The man whose job is a dentist has a car which is black that he bought from a local dealership which is located between the hospital and the postoffice.

　그 남자, 직업은 치과의사인데, 차를 한 대 가지고 있어. 검은색이고 근처 매장에서 구입했는데, 그 매장은 그 병원과 그 우체국 사이에 있어.

　복잡한 문장이지만 결국 이 문장의 핵심 요소도 'The man is a dentist.'이다. 관계사와 전치사가 많아 혼란스러워 보이겠지만 구문분석을 알면 간단하다. 구문분석은 쉽게 이해되는 문장에는 필요가 없다. 복잡하고 잘못 이해하기 쉬운 문장을 제대로 이해하기 위해 구문분석을 활용하는 것이다. 어느 부분을 수식하고 어느 부분에 걸리는지 하나하나 따져 나가는 버릇을 들여야 문장을 올바르게 이해할 수 있는 것이다.

    제대로 된 구문분석을 하는 데 있어 몇 가지 주의할 점이 있다. 오래 전부터 영어공부를 하면서 직접 느꼈던 것이라 여러분에게도 유용한 정보가 될 것이다.

    첫째, 어떠한 문장이든 주어 동사는 반드시 있고 그게 제일 중요하다. 그 어떤 문장이든 주어와 동사가 없다면 틀린 문장이다. 생략된 경우도 있긴 한데 그건 말 그대로 생략된 것일 뿐 없는 것은 아니다. 주어와 동사는 의미 파악의 기준이 되므로, 그것만 잘 파악하면 문장의 절반을 이해했다고 할 수 있다. 그러려면 중간에 나오는 각종 수식 어구를 지워 나가는 연습을 많이 해야 한다.

    나는 늘 연필을 들고 일일이 표시하면서 공부했다. 대학 때 영어동아리 선배들은 눈으로만 입으로만 공부하는 후배들을 많이 혼냈다. 문장을 일일이 다 분석하고 표시해야 했으며 대충하는 모습은 용납되지 않았다. 심지어는 they라는 단어를 '그들'이라고 번역해도 혼났다. they가 무엇을 대신하여 쓰였는지 반드시 문맥에 의해 찾아서 번역해야 했다. they가 '그들'이란 뜻도 있고 '그것들'이란 뜻도 있다는 것을 모르는 요새 학생들을 보면 그저 헛웃음만 날 뿐이다.

    둘째, 문장분석을 통해 의미 단어로 끊어 읽어야 한다.

The man / whose job is a dentist / has a car /which is black

/ that he bought from a local dealership / which is located / between the hospital and the postoffice.

슬래시(/)가 삽입된 부분은 큰 의미단위로 끊어지는 부분이다. 긴 문장을 이런 표시 없이 분석하고 이해하려고 하면 지친다. 짧은 문장도 이런 식으로 끊어서 분석하는 버릇을 기르면 의미 파악이 더욱 쉬워질 것이다. 나는 영어동아리 활동을 하면서 끊어 읽은 훈련을 어찌나 많이 받았는지 모른다. 지금은 영어를 듣기만 해도 머릿속에서는 마치 책에 연필로 표시하듯 문장의 구조가 순식간에 그려진다.

셋째, 뒤에서 해석하는 버릇을 버리자. 한국어와 어순이 다른 영어를 공부하면서 흔히 우리나라 사람들이 가지는 버릇이다. 뒤에 관계사나 수식 절이 있으면 그것부터 해석을 해서 뒤에서 치고 올라오는 식으로 의미 파악을 하는 사람들이 많은데 이는 크게 잘못된 방식이다. 영어권 사람들은 앞에서부터 순차적으로 이해하고 의미를 파악한다. 만약 뒤에서부터 의미를 파악하는 게 옳은 방법이라면 CNN 같은 진행속도가 빠른 영어는 어쩔 것인가. 스크립트를 먼저 시청자들한테 주고 나서 방송을 해야 되는 것인가. 잘못된 생각을 제발 버리기 바란다. 영어는 글의 순서대로 처음부터 순차적으로 이해하는 언어다. 내 교재에는 모든 번역이 큰 의미단위로 앞에서부터 차근차근 되어 있다. 예를 들어 보자.

She has a car / which she bought from my friend / very cheaply.

그녀는 차를 가지고 있다/ 그녀는 그 차를 내 친구로부터 샀다./ 매우 싸게.

이런 식으로 앞에서부터 이해하는 버릇을 들여야 나중에 읽는 동시에 이해를 하는 직독직해가 가능하게 되며 이것이 또한 제대로 리스닝을 하는 기본 실력이 된다.

넷째, 영어 단어 하나하나에 너무 얽매이면 안 된다. 단어를 있는 그대로 번역하다 보면 이해가 잘되지 않는 경우가 흔하다. 전체적 맥락을 파악하고 그에 맞게 적절하게 다듬을 줄 알아야 한다. 수없는 연습을 통해서 말을 만들어 가는 과정이 보다 빠르고 보다 효율적으로 될 수 있다는 것이 나의 경험이다. 여러분도 이런 수준에 반드시 도달할 것이다.

다섯째, 영어 원문에 대한 부담감을 버려야 한다. 영어를 못하는 사람은 영어가 두렵다는 이유로, 잘하는 사람도 귀찮다는 이유로 원문을 싫어한다. 영어를 잘한다 해도 모국어가 아닌 바에야 우리말보다 쉬울 리는 없다. 그 부담감도 어쩔 수는 없겠으나 이렇게 한번 생각해 보자.

영어는 어떤 정보를 전달하는 도구다. 영어는 밥 먹는 데 필요한 숟가락 젓가락이다. 어떻게 봐도 의사소통 수단일 뿐이다. 영어 원문에 대한 두려움을 버리지 않으면 평생 영어와 친해질 수 없다.

끝으로 하나만 더 당부하겠다. 구문분석을 초보 단계에서 열심히 하는 것은 괜찮다. 하지만 어느 정도 수준에 올라서도 구문분석을 하나하나 해야 할까? 때에 따라 꼭 필요하기도 한데 보통은 그렇지 않다. 일정 수준 이상의 실력이 됐는데도 자꾸 문장분석에 얽매이면 쓸데없는 에너지를 소모하는 것이다. 그 시간에 더 많은 문장을 읽어 의미를 파악할 것이지 이게 몇 형식이니 이게 뭐를 수식하는지 따져봐야 그 수준에서는 크게 의미가 없기 때문이다.

일정수준에 오르면 구문분석과는 이별해라. 결국 구문분석도 의미 파악을 편하게 하기 위해 우리가 이용하는 도구다. 도구에 얽매이지 말기를 바란다.

외국어를 공부할 때 성패를 가르는 요인 중 하나가 바로 단어 암기다. 얼마나 단어를 많이 알고 있는가에 따라서 실력 차이도 커진다. 그렇다면 어떻게 해야 많이, 그리고 빨리 외울 수 있을까?

1. 접두어와 접미어 학습법

앞에서도 말한 것처럼 나는 대학교 1학년 시절 『Vocabulary 22000』과 『Vocabulary 33000』이란 책을 통해서 단어를 공부했다. 이 책이 좋은 점은 접두어와 접미어를 잘 써 놓았다는 것이다. 나는 이 책을 통해 많은 영어 단어들의 근간이 되는 접두어와 접미어를 파악했다. 접두어와 접미어를 알면 단어가 쉽게, 그리고 오래 각인된다.

예를 들어, pro로 시작하는 단어는 '앞으로'라는 의미가 있으니

progress는 '전진하다'는 뜻을 가진다는 식이다(gress는 go의 어원을 가진다). 그러면 proactive는 무엇일까? pro는 '앞으로'이고 active는 '활동하는'이란 뜻이니 '예방하는'이라는 뜻을 어렵지 않게 유추할 수 있고 다시는 잊지 않게 되는 것이다. 이렇게 접두어와 접미어는 단어 공부를 시작하는 데 있어서 빼 놓을 수 없는 중요한 학습법이다. 여러분도 단어 책을 선택할 때 접두어와 접미어가 잘 분석되어 있는 책을 선택하면 많은 도움이 된다.

2. 워드 매핑

대학 2학년 때는 색다른 어휘 공부 방식을 시도했다. 누가 시킨 것도 아닌데 스스로 이렇게 하면 좋겠다 싶어서 한 방법이었고 효과도 좋았다. 먼저 영자신문이나 잡지에서 테마를 정한다. 즉 이번 7월에는 '정치'라고 마음속으로 정한 뒤 매일 1~3개 정도의 정치 관련 기사를 스크랩한다. 거기에서 쏟아지는 수많은 어휘들을 정리하고 외운다. 처음엔 무지막지하게 모르는 단어투성이고 정성들여 스크랩한 기사에는 빨간 줄이 수도 없이 쳐진다. 그러나 일주일 이주일이 지나 한 달쯤 되면 어느새 정치 관련 기사는 빨간 줄이 별로 없게 된다.

그다음엔 '경제' 분야로 눈을 돌려 다시 경제쪽 기사만 파고든다. 이런 식으로 1년쯤 학습하니 각 분야에 대한 단어가 상당히 쌓이게 되었고 신문이나 잡지를 이용하니 상당히 세련된 표현법들을 배울 수 있었다. 가장 정제된 언어, 가장 고급스런 어휘들을 배울 수 있는 효과적인 학습법이었다. 나는 이런 공부법에 '워드 매핑(Word Mapping)'이란 이름을 붙였다. 연관 단어들을 모아 한 분야를 파고드는 것인데, 머릿속에 분야 지도를 그려 놓고 하나하나 정복해 나가는 재미가 있다. 그 과정에서 암기하게 되는 단어의 양은 엄청나다.

좀 더 활용하자면 방법은 좀 더 다양해진다. 예를 들어 보자.

집을 나서는 순간부터 문의 손잡이(doorknob)를 돌리고 신호등(traffic light)을 기다려 녹색(green)일 때 길을 건너(crossing) 택시 승강장(taxi stand)에서 택시를 불러(hail a taxi) 목적지(destination)에 도착하였더니 나를 마중(pick up)나온 사람과 함께 그 회사(company)에 도착(reach, arrive)한다.

이런 식이다. 즉 내가 하는 행동 하나하나를 생각하면서 그걸 영어로 바꿀 수 있는지 생각해 보는 것이다. 아는 단어가 있으면 좋고 모르겠으면 한영사전을 적극 참고하여 계속 스토리를 만들면서 외워 가는 것이다.

또 다른 방법은 이런 것이다. 가령 사람의 성격으로 친절한(kind), 잔인한(cruel), 비열한(mean), 좋은(nice), 사랑스러운(lovely), 귀여운(cute), 신사적인(gentle), 매력적인(attractive), 외향적인(outgoing), 내향적인(introverted), 사교성 좋은(sociable), 무뚝뚝한(blunt), 우유부단한(indecisive), 진지한(serious), 긍정적인(positive), 부정적인(negative)……. 이런 식으로 계속 관련 어휘를 늘려 가는 방법이다.

3. 동의어, 유의어, 반의어 활용하기

영어 초보자들이 동의어, 유의어, 반의어를 찾아 공부하기에는 어려움이 있다. 따라서 이렇게 정리된 단어 책을 선택해 공부하는 것이 좋다. 즉 의미가 완전히 같은 것끼리는 동의어로 묶어 암기하고 유사한 의미지만 쓰임새가 다른 것은 확실하게 유의어로 구분하되 뜻으로만 구분하면 힘들기 때문에 예문을 함께 외워야 한다. 그래야 '아, 이럴 땐 이 단어를 쓰지.' 하고 용례를 익히게 되는 것이다. 이걸 잘해야 어색하지 않은 영어 표현을 쓰게 되는 것이다(가령 햄버거 같은 것들은 quick food라고 하지 않고 fast food라고 하는 식이다). 또한 반의어도 잊지 말아야 할 중요한 소스다. 이런 동의어나 유의어 반의어를 잘 알면 대화하거나 영작을 할 때도 표현이 더 풍부하고 고급스러워진다.

4. 단어 암기는 예문과 함께

이런 말 많이 들어 봤을 것이다. 단어는 예문으로 외우는 것이 좋다. 그런데 어떻게 하냐고? 단어를 수십 번 쓰면서 외우는 것보다는 영어로 된 글을 많이 읽고 글 속에서 단어의 뜻을 알아 가야 한다. 이 방법으로 열심히 하면 그 단어의 용례도 잘 익힐 수 있을뿐더러 잘 잊지도 않게 된다. 따라서 단어는 반드시 예문과 함께하는 것이 좋다. 여기서 내가 말하는 예문은 보통 단어장에 나오는 한 줄로 된 예문보다는 여러 문장으로 된 독해 지문을 말한다. 간단히 말해서 영어로 된 글 자체를 많이 보란 얘기다. 그러면 따로 단어 공부 안 해도 된다.

5. 영영사전을 활용하라

　영어 잘한다는 사람들은 어김없이 입을 모아 영영사전을 쓰라고 조언한다. 그런데 실제 그런 충고를 들은 수많은 사람들은 '내가 실력도 없는데 영영사전을 어떻게 봐? 나중에 실력 되면 봐야지'라고 스스로 판단하고 여전히 영한사전을 본다. 그러곤 평생 영한사전으로 끝난다. 물론 영한사전마저 안 보는 사람들보다는 훨씬 낫지만……. 과연 실력이 되는 사람만 영영사전을 보는 것일까? 아니다. 영영 사전을 안보기 때문에 실력이 계속 그 자리인 것이다. 제발 말 좀 들었으면 좋겠다. 말은 하나도 안 들으면서 실력만 좋아지기를 바라는 사람은 이해를 할 수가 없다. 영영사전을 보면 사전 보는 자체가 단어 공부이고 어느새인가 수많은 단어들이 머릿속에 자리 잡는다. 명심하자!

독해는 사전이 아니라 문법에 답이 있다

　오늘도 한 명의 학생이 근심 가득한 얼굴로 앉아 있다. 함께 공부를 시작한 지 얼마 안 된 학생인데 매일 수업을 듣긴 하는데 필기도 안 하고 늘 멍한 표정을 짓고 있어서 무슨 생각을 하고 있을까 궁금하던 차였다.

　"안녕? 공부 잘돼 가니?"

　"에? 예에……."

　"에이, 대답이 시원찮은 걸 보니 잘 안되는 모양이네."

　"사실은요."

　"그래, 망설이지 말고 말해 봐. 마침 수업도 30분 남았는데 나랑 얘기나 하자."

　이렇게 우리는 커피를 한잔하며 마주 앉았다.

"사실 선생님이 말하시는 문법 얘기는 뭐 대략 이해가 가는 듯하긴 한데요."

"옹, 그래 그거 좋은 얘기구나. 근데 다른 걱정은 뭐니?"

"창피한 얘기지만 그동안 너무 영어를 안 해서 그런지 단어를 사전을 찾아도 해석이 안 돼요. 해설지의 해석을 봐도 왜 그렇게 해석되는지 전혀 감도 안 오고요."

"왜 그런 거 같니?"

"몰라요. 그냥 제가 멍청해서겠죠. ㅎㅎㅎ."

"그건 영어에 일정한 규칙, 즉 패턴이 있는데 그걸 몰라서 그래. 그걸 모르면 해석이 안 되는 거야."

"뭐, 문법 말씀하시는 거예요?"

"그렇지. 문법이지. 봐봐. 'I want to study English.'에서 to study English는 want의 목적어야. 목적이면 '~을', '~를'이라고 해석하잖아. 그러니까 여기서 to study English는 '영어공부하기를'이라고 해석하는 거야. 이해되지?"

"네. 쌤이 대부분은 3형식이라 했으니 want의 목적어는 to study겠죠."

"그렇지. 잘 알고 있구나. 그럼 이거 한번 볼까? 'To study English I attend this class.'라고 하면 to study English가 아까랑 생긴 건 똑같지만 맨 앞에 혼자 있잖아? 그럼 쟤는 없어도 되는 부사라고 말해. 부사인 경우에는 '~을', '~를'이라고 해석하지 않고 '~하기 위해서'라고 해석하거든. 그러면 저 문장은 '영어공부하기 위해서 이 수업에 참석한다.'라고 해석하는 거야."

"옹, 신기하게 생긴 건 똑같은데 해석은 다 다르군요. 바로 그런 게 절 힘들게 해요."

"그래, 해답은 바로 여기 있는 거야. 네가 아직 문법을 정확히 모르기 때문에 단어를 찾아도 해석이 안 되는 거야. 조금만 더 참고 내 수업을 잘 들어봐. 2개월 후에는 기가 막히게 영어가 재미있어질 거야."

"알겠습니다. 일단 열심히 하겠습니다"

이 학생은 그 후로 약 6개월간 나랑 열심히 했고 이제는 영어 성적뿐 아니라 영어에도 자신감을 가지게 되었고 지금은 혼자서 공부할 힘을 갖추게 되었다. 많은 사람들이 착각하는 건 해석은 사전단 있으면 할 수 있는 거라고 생각한다. 그러나 실제로는 그렇지 않다.

이처럼 똑같은 단어도 문장에서의 위치나 역할 다른 단어와의 관계에 따라 해석이 전혀 달라지는 경우가 종종 있다. 이런 것을 해결하기 위해서는 기초적인 영문법 지식은 필수이다.

하지만 문법만 강조하는 것도 완전히 올바른 접근법은 아니다. 기초적인 영어 문법을 통해 영어의 문장의 뼈대를 추려 낼 수 있는 힘이 생기고 나면 그다음은 많은 경험을 해 보아야 하는 것이다. '아, 이런 경우는 이렇게 해석하는구나' 하고 자꾸만 느껴 봐야 한다. 그래서 정 막힐 때에는 책의 뒤에 있는 해설지를 보며 올바른 번역을 참고하고 해석방식을 익혀 가야 한다.

이런 단계까지 완성하면 그다음은 문법도 뛰어넘고 정형화된 해석도 뛰어넘는 단계에 이르게 된다. 즉 보다 우리말에 가까운 자연스러운 해석을 위해서 때로는 영어단어를 그대로 다 해석하는 게 아니라 빼고 해석하기도 하고 없는 말을 넣어 해석하기도 한다. 이 단계에 이르면 해석을 잘한단 소리를 듣게 된다.

　여러분은 위에 말한 1단계(해석도 안 되는), 2단계(해설지를 참고하며 꾸역꾸역 해석해가는), 3단계(해석을 떡 주무르듯 하는) 중에 어디에 있을까? 부디 모두들 3단계에 이르기를 바라지만 적어도 2단계에는 무슨 일이 있어도 진입해야 한다. 그러기 위해서는 반드시 뭐를 먼저? 그렇다 기본 영문법 지식을 습득하고 그다음으로는 많은 양의 독해를 함으로서 경험을 쌓길 바란다. 명심하자. 아무리 맛있는 쌀밥도 한 숟가락만으로는 배가 부르지 않는다. 조금 덜 좋은 쌀이라도 한 그릇은 먹어야 배가 부른 법이다. 영어도 마찬가지다. 완전한 실력은 아니어도 어느 정도 수준에 이르면 그다음은 질보단 양이 더 중요하다. 양을 많이 쌓으면 만족할 실력이 쌓이게 될 것이다!

한방에 직독직해가 해결되는 비결

나는 직독직허의 열렬한 지지자다. 영어를 잘하기 위해서는 직독직해가 반드시 필요하며 우리말에 딱 어울리게 예쁘게 번역해 놓은 것은 보기엔 좋지만 영어실력에는 큰 방해요소가 된다고 입버릇처럼 말한다.

"따르르릉."
"감사합니다. 정상어학원입니다."
"정상 선생님 계세요?"
"아, 마침 옆에 계시네요. 바꿔 드리겠습니다."
"네, 정상입니다. 안녕하세요?"
"선생님 책을 이번에 산 사람인데요."
"아, 네. 감사합니다."
"뭔 책이 이따위에요?"

"네? 무슨 말씀이신지……."

"해설지에 해석이 왜 다 이 모양이에요? 나 살다 살다 이런 해석은 처음 보네요. 우리말에 하나도 안 맞게 엉망이잖아요!"

"아, 직독직해를 해 놓은 걸 말씀하시나 보네요. 그런 해석을 처음 보셨어요?"

"처음이죠. 이런 해석이 어디 있어요! 당장 책 환불해 주세요!"

"처음 보셔서 당황스럽겠지만요. 어쩌고저쩌고."

내 이름으로 첫 책이 나왔을 때 이렇게 전화를 하거나 홈페이지에 항의 글을 올린 사람들이 더러 있었다. 이따위 해석이 어디 있냐며 다짜고짜 화를 내는 것이다. 영어공부를 얼마나 안 해 봤으면 이런 멋진 직독직해란 공부법을 몰랐을까? 지금까지 잘못된 공부를 해 왔으니 영어는 얼마나 하기 힘들었을까?

뭐 이런 여러 가지 생각을 하며 나도 인간인이상 화가 나지만 억지로 참아가며 최대한 친절히 답변을 하려 노력을 한다. 이 글을 접하는 여러분만큼은 제발 똑바로 알아야 한다. 우리말에 알맞게 해석을 한다는 뜻은 곧 영어적인 사고방식을 엄청나게 방해한다는 점을 말이다. 다음 예문을 보자(참고로 내가 제일 처음 낸 책의 1번 문제다.)

It seems that the managers didn't take reasonable care in restructuring the unprofitable divisions.

이 문장을 우리말에 맞게 해석하자면,

그 매니저들이 이익이 나지 않는 사업부들을 구조조정하는

데 있어서 합리적인 관심을 기울이지 않은 것 같다.

이를 영어문장과 대조하여 하나하나 맞추어 본다면

It seems that the managers didn't take reasonable care
  (6)   (1)   (5)   (4)

in restructuring the unprofitable divisions.
    (3)   (2)

이렇게 된다. 즉 주어인 managers를 번역한 후에 맨 뒤에서부터 차례차례 거꾸로 거슬러 올라오면서 해석을 해야 비로소 우리말에 예쁘장하게 어울리는 해석이 된 것이다. 아마 이렇게 해석을 해 놓았다면 나는 그런 전화를 받지 않았을 것이다. 그러나 그렇게 해석하는 것은 내 책과 내 강의를 사랑해 주는 수많은 학생들에게 큰 폐다.

  생각해 보라. 상대방이 "It seems that······." 어쩌고 한참 얘기하고 있는데 divisions까지 다 듣고 나서 비로소 거꾸로 올라가며 해석을 되짚어 이해할 수 있겠는가? 본인이 중간에 있던 모든 단어들을 다 기억할 수 있을 만큼 천재인가? 설령 그런 천재라 하더라도 상대가 divisions에서 멈추지 않고 다음 문장을 이어서 말해 버리면 "Stop!"을 외치며 기다려 달라고 해야 하겠는가?

  영어는 영어다. 영어를 공부할 때 우리말적 사고방식이 개입되어서는 안 된다. 중국인들은 우리보다 영어를 공부하기가 더 간편하고 쉽다고 한다. 바로 영어의 어순과 중국어의 어순이 일치하기 때문이다. 영어는 주어와 동사를 맨 앞에 나머지가 뒤에 붙는 구조다. 우리말은 주어 뒤에 다른 말들이 잔뜩 붙고 동사는 맨 뒤에 오는 구조다. 그래서 우리가 영어를 공부하기에 불리하다. 그러나 불리하다고 울어 봐야 소용없는 일이고 해법은 아주 간단하다. 영어의 의미단위로 나누어 이해하면 되는 것이다. 이것을 영어로 'chunking(청킹, 덩이짓기)'이라고 한다.

그럼 어떻게 해결하는가? 아주 간단하다. 리스닝 공부와 회화 공부를 할 때 원어민이 읽는 문장을 주의 깊게 따라 읽자. 그것도 아주 많이. 그러면 청킹이 저절로 된다. 바로 그 사람들이 영어를 읽을 때 잠깐씩 끊어지는 단위를 청킹의 단위로 이해하면 된다. 그렇다면 원어민들은 청킹을 따로 배울까?

전혀 그렇지 않다. 수없이 많이 듣고 말하다 보니 자연스러운 리듬감이 몸에 붙은 것이다. 여러분은 청킹을 가지고 논문을 써야 할 학자가 아니다. 이걸로 박사학위를 받아야 하는 사람들이 아니다. 이걸 학문적으로 받아들이려 하는 순간 힘들어진다. 단순 무식하게 주구장창 따라 읽어라. 그 accent(강세)와 intonation(억양) 문장의 고저(Ups and Downs)가 저절로 체화될 것이다. 그 단위로 직독직해하면 되는 것이다.

마지막으로 앞의 문장에 대한 올바른 직독직해를 알려 드리겠다.

It seems that the managers didn't take reasonable care
 (1)   (2)   (3)   (4)

in restructuring the unprofitable divisions.
 (5)   (6)

그런 것 같다. / 그 매니저들은 / 기울이지 않았는데 / 합리적인 관심을／ 구조조정하는 데 있어서 / 이익이 나지 않는 부서들을.

이게 아주 짧은 청킹이다. 매우 어색해 보이지 않는가? 이걸 수없이 연습하다 보면 한 번에 보는 범위(span)가 넓어지면서 보다 길게 보게 되고 청킹도 보다 자연스러워진다. 즉

It seems that the managers didn't take reasonable care
(1)

in restructuring the unprofitable divisions.
(2)

매니저들이 합리적인 관심을 기울이지 않는 것 같다 / 이익이 나지 않는 사업부들을 구조조정하는 데 있어서.

이 마지막 해석이 가장 올바른 해석이며 원어민들도 저 문장 같은 경우 저 정도로 두 번에 나누어 읽는 것이 일반적이다(사람 따라 저 문장을 세 번 혹은 네 번에 나누어 읽는 사람들도 있다. 그만큼 청킹에 정답이란 없다. 다만 가장 합리적인 방법이 존재할 뿐이다). 여러분도 이렇게 끊어 읽기에 익숙해져서 독해뿐 아니라 리스닝이나 회화실력도 더 높이길 바란다.

매일 듣는데
왜
귀가 안 뚫릴까

　매일매일 리스닝 공부를 해도 도무지 들리지 않는다는 고민. 정말 많은 학생들의 고민이다. 나 역시 그런 과정을 겪었으니 그 고충을 충분히 이해한다. 평생이 걸려도 리스닝은 마스터되지 않을 것 같고, 어느 날은 좀 들리는 듯하여 하늘을 날듯이 기쁘다가 어떤 날은 다시 꽉 막혀 답답해지는 롤러코스터 같은 기분이 계속되던 날들이었다.

　어찌할꼬. 어찌할꼬. 과연 어떻게 하면 들릴 수 있는 걸까? 한 가지는 확실하다. 분명 노력에 의해 영어가 들리는 사람들이 있다. '노력에 의해'라는 말을 굳이 넣는 이유는 영어권 국가에서 살다 온 사람들이거나 천재적인 언어 습득력에 의해 저절로 습득된 사람들을 제외하고 이 점을 논하기 위해서다.

　일단 여러분이나 나나 언어 습득의 천재적 능력을 지닌 존재는 아니다. 또한 영어권 국가에 살다 올 기회도 없을 것 같다. 그러면 결론은 딱 하나다. 영어를 하기는 해야겠고 그러기 위해서는 노력으로 극복할 수밖에 없다는 결론이다.

지긋지긋한 노력 얘기라고? 어쩔 수 없다. 이 방법뿐이다! 매일같이 엄청나게 노력을 하는데 안 된다고 하소연하는 사람이 있을지도 모르겠다. 정말 매일같이 해도 안 되는 걸까?

먼저 청취의 학습곡선을 이해할 필요가 있다.

우리는 공부를 할 때 [그림 1]과 같은 효과가 나오기를 기대한다. 즉 x축의 학습시간이 길어질수록 비례적으로 학습에 대한 성취도도 급격히 좋아지기를 기대한다. 이 [그림 1]을 '학습기대곡선'이라고 한다.

그러나 거의 모든 공부란 이렇게 기대처럼 이루어지지 않는 특성이 있다. 실제 학습에 대한 성취는 [그림 2]와 같다. 즉 학습시간이 길어져도 학습에 대한 실제적 성취는 눈에 띌 만한 변화는 찾아보기 힘든 편이다. 그러다 보니 매일매일 듣기 공부를 해도 이루어지는 것이 없다는 생각이 든다.

그러고는 교재 탓이나 선생님 탓 혹은 자신의 머리를 탓한다. 그러다가 결국에는 시험제도가 어쩌고 사회가 어쩌고 하면서 자신에 대한 실

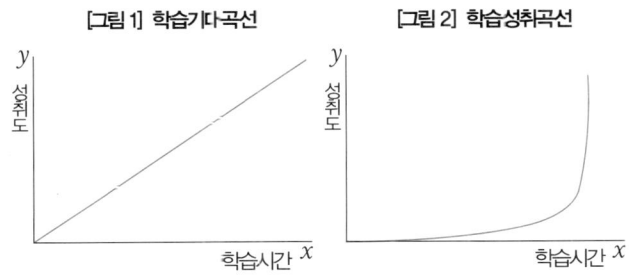

망과 외부요인에 대한 불만사이에서 왔다 갔다 하면서 좌절하고 절망한다.

자, 실제 학습성취곡선은 어떠한가? 시간이 흘러가도 성취도는 미미하다. 거의 눈에 띄는 것이 없는 정도다. 이 과정에서 많은 분들이 포기하게 된다. 그래서 잘하는 사람이 드문 것이다. 여러분은 어떠해야 할까? 이 기간을 견뎌 내고 더 노력하여(그래서 이 글의 초반부에 노력을 강조했다) 학습성취가 기하급수적으로 늘어가는 기쁨의 시간을 맛보아야 한다.

영어 듣기에 있어서 이런 시기가 찾아오는 것은 짧게 잡아도 6개월 길게는 1년 이상 걸린다. 그것도 매일 2시간 이상의 노력을 기울였다는 가정하에 하는 얘기다. 한 재미교포가 이민간 지 7년 만에 영어로 꿈을 꾸게 되었다는 이야기는 우리에게 의미하는 바가 크다. 모든 게 그렇게 급격히 이루어지지는 않는다는 얘기다.

인내하고 노력하며 기다리는 자에게 성공의 열매가 주어지는 법이다. 어떤가? 여러분은 매일 2시간 이상 1년 이상 투자를 할 준비가 되어 있는가? 꼭 그렇게 노력하길 바란다. 어느 날 심봉사가 눈을 번쩍 뜨듯이 영어에 대한 귀가 확 트일 날이 올 것이라 믿는다!

자막 없이 시트콤 좀 보자

미드가 우리나라에 들어와 열풍을 일으킨 지도 10년이 넘었지만 여전히 인기다. 〈프렌즈(Friends)〉로 시작하여 〈섹스앤더시티(Sex and the City)〉, 〈프리즌 브레이크(Prison Break)〉, 〈CSI〉, 〈하우스(House M.D.)〉, 〈24〉, 〈그레이 아나토미(Grey's Anatomy)〉, 〈위기의 주부들(Desperate Housewives)〉 등등. 이 중 몇몇은 여러분들도 즐겨 보았으리라 믿는다.

많은 사람들이 재미로 미드를 몇 편 보다가 이런 생각을 한다.

'아, 이렇게 재미있는 드라마를 기왕이면 자막 없이 보면 재미도 있고 영어공부도 하니 일석이조일 텐데……'

맞다. 미드로 공부를 하면 일석이조다. 재미와 공부를 동시에 취할 수 있으니까! 문제는 어떻게 그걸 하느냐다. 무작정 듣는 것보다는 약간의 요령을 알고 하면 좀 더 효율적으로 할 수 있다.

우선 왜 미드로 영어를 공부하면 좋은지 가장 큰 이유 2가지를 먼저 알아보자.

1. 지루하지 않다

자기의 취향에 맞는 미드를 선택하면 다른 영어공부 교재와는 비교할 수 없을 정도로 재미있다. 한 시간도 하기 싫은 영어공부가 미드와 함께라면 밤을 새도 좋은 친구로 변한다.

2. 살아 있는 영어다

영어 듣기 시험에 나오는 정형화된 성우들의 목소리로만 공부한 사람이 실제로 외국인을 만나면 당황한다. 일상생활에서 만나는 사람들의 목소리나 표현은 정말 가지각색이기 때문이다. 하지만 미드는 다르다. 그야말로 우리가 만나 볼 수 있는 모든 상황이 다 녹아 있다. 또한 다양한 인종의 사람들이 다양한 상황에 맞는 적절한 표현 발음 억양을 배울 수 있도록 해 준다.

자, 이런 장점이 있는 미드를 통한 영어공부를 과연 어떻게 해야 좋을지 알아보자.

1. 한 달에 한 번 or 매일매일?

단연코 단기간 동안에 집중적으로 하는 것이 효과적이다. 기왕 미드로 공부하기로 마음먹었으면 매일매일 보아라. 한 달에 한 번 보는 것은 공부에 효과가 없다. 그건 그냥 즐기는 것이다. 이걸로 공부를 하려면 매일매일 하루에도 몇 시간씩 보아야 한다.

2. 전편 or 한 편만?

한 편을 집중적으로 봐야 한다. 미드를 즐기자는 게 주목적이 아닌 이상 그냥 넋 놓고 전편을 시리즈로 쭉 보는 것은 별로 효과가 없다. 한 편을 여러 번 보아야 한다. 대략 한 편을 10회 정도 이상 볼 것을 권한다.

3. 미드 선택 기준은?

전적으로 개인의 취향에 달려 있다. 일상의 평범한 대화를 원하면 〈프렌즈〉가 제격이고, 의학에 유달리 관심이 있다면 〈그레이 아나토미〉나 〈하우스〉를 권한다. 자신의 취향을 잘 모르겠으면 〈프렌즈〉로 시작하자. 가장 재미있고 표현도 어렵지 않다. 더구나 일상에 흔히 쓰이는 표현이 대부분이다. 지나친 비속어가 많은 미드는 공부해도 써먹을 일이 없다는 것을 꼭 기억하자. 게다가 예쁜 제니퍼 애니스톤을 보는 것은 남성학습자에게는 축복이다. 〈섹스앤더시티〉는 배우들의 음성이 다른 어떤 미드보다 알아듣기 좋다.

4. 자막은 봐도 될까?

중요한 질문이다. 자막은 절대로 보지 말아야 한다. 자막을 보지 말고 한 편을 3번 정도 본다. 지겨워도 참아야 한다. 그러면 대략의 내용이 파악이 될 것이다. 이때쯤 세부적인 내용을 확실히 알기 위해서 대본을 구해 정확히 번역을 해 본다. 명심하라. 자막 혹은 대본은 어디까

지나 마지막으로 확인 사살용이다. 처음부터 자막이나 대본에 의존하면 결코 미드를 통한 영어공부는 까마득한 꿈이 된다.

5. 내가 바로 배우!

미드를 듣기용으로만 끝내지 말자. 내가 바로 배우가 돼 보자. 자막이나 대본을 보며 배우가 되었다고 생각하고 그대로 따라하려고 애써 보자. 억양이나 제스처까지도 말이다. 쑥스러워도 꼭 하자. 익숙해지면 대본 없이 화면 속의 배우만 보고 해 본다. 가장 마지막 단계에 이르면 대본도 치우고 소리만 끈 채 화면만 보며 자기가 외화더빙을 하는 것처럼 영어로 연기를 한다. 뇌뿐만 아니라 영어가 입에 배게 하는 효과적인 방법이므로 반드시 하길 바란다.

지금까지 말한 미드를 통한 영어공부법은 내가 효과를 입증한 것이다. 미드를 보며 공부해서 토익이든 영어회화든 실력을 쌓고 싶다면 반드시 이 방법대로 해야 한다. 지키지 않을 것이라면 공부하겠다는 생각은 버리고 그냥 감상만 하자. 이 방법을 지키지 않으면 아무리 미드를 매일 본다 한들 실력은 전혀 늘지 않을 것이라는 말이다.

영작이 잘되면 회화도 잘된다

이 책을 읽는 여러분은 단기적으로는 영어시험(토익, 토플 등)에서 좋은 점수를 내는 것이 목표일 것이다. 그러나 모든 분들이 가지고 있는 궁극의 목표는 영어로 쓰기와 말하기를 유창하게 하는 것이라고 생각한다. 회의 석상이나 중요한 외국 고객을 만나는 자리에서 영어로 멋지게 대화하는 자신의 모습을 그려 보라. 생각만 해도 근사하지 않은가? 그러기 위해 꼭 먼저 해야 할 일이 있다. 그것은 바로 영작이다. 바로 말하기부터 하는 것은 아무래도 힘든 게 사실이다. 따라서 열심히 영작을 먼저 공부하자. 그럼 나중에 용기만 내면 말하기는 훨씬 쉬워진다. 그럼 영작은 어떻게 하는 것이며 어떻게 해야 잘할 수 있을까?

1. 기본 문법을 익혀라

많은 분들이 착각한다. 문법은 시험을 보기 위한 도구 혹은 우리나라 사람들이 영어를 못하는 주된 원인 이런 식으로 문법을 매도한다. 제발 여러분만이라도 이런 생각을 빨리 접어라. 문법은 영작과 회화를 위한 공식이다. 수학을 공부하면서 공식을 욕하는 사람이 있는가? 공식을 공부하면 수학을 망친다고 외치는 사람을 본 적이 있는가? 문법도 공식이다. 영작과 회화를 위한 아주 잘 만들어진 공식이다. 이것만 완성하면 외국인으로서 영어를 정복하는 것이 아주 쉬워진다.

예를 들어, be동사는 주로 2형식 동사로 사용되며 보어로 주로 형용사를 쓴다는 것을 문법적으로 알게 되면 "This book is ~" 해 놓고 머뭇거릴 필요가 없다. "This book is useful(이 책은 유용하다)."과 같이 짧지만 하고 싶은 말을 할 수가 있다.

이뿐인가? 조금만 더 공부하면 명사 앞에 전치사를 붙이면 형용사가 된다는 것을 알게 되어 "This book is of use."와 같이 써도 첫 문장과 똑같다는 것을 알게 된다. 또한 동사를 ~ing나 p.p로 쓰면 형용사가 된다는 문법을 배우면 어떻게 될까? "This book can be used by all people(이 책은 모든 사람들에 의해 사용되어질 수 있다)."와 같이 문장을 쓸 수 있다.

이때 be라는 2형식 동사 뒤에 used라는 p.p(과거분사)가 형용사 역할로 보어가 되어 2형식이 완성되어 문장이 끝났다. 그런데 all people이란 명사가 있으면 안 되므로 전치사를 넣어 수식어로 만들어 주는 것이 by all people이다(즉 전치사는 명사를 수식어로 바꾸어 주는 요술지팡이다).

　아주 간단한 예를 든 것이지만 문법을 알면 정확하고 빠르게 영어를 습득할 수 있다. 여러분이 그렇게 하고 싶은 영어로 말하기와 쓰기가 가능해지는 것이다. 하루라도 빨리 문법에 대한 오해를 버리고 기본적 문법을 빨리 습득하는 사람은 누구보다 빨리 영어를 완성할 수 있다.

2. 영어로 된 글을 많이 읽자

　우린 모두 한국어를 잘 사용한다고 믿는다. 그러나 실제로 글을 써 보면 글을 잘 쓰는 사람이 있는가 하면 몇 줄 못 쓰는 사람들도 있고 논리적으로 글을 쓰는 사람은 또한 상당히 적다. 왜 같은 한국인인데 이런 차이가 생길까? 나는 이 원인을 10년, 20년에 걸쳐 누적된 독서량이 좌우한다고 믿는다. 책을 많이 읽은 사람이 글을 잘 쓰는 것이 확실하다. 아주 많은 책을 읽고 그것의 부분 부분들이 조합되어 글로 표현되는 것이기 때문이다. 영어도 마찬가지다. 영작(writing)을 잘하기 위해서는 독해(reading)를 많이 해야 한다.'는 것이다.

　사실 너무나 당연하다. 깊이 읽으면 영어의 어휘·구문·표현들이 어떻게 사용되는지를 간접적으로 배우게 되는 것이다.

3. 틀려도 좋으니 무조건 쓰자

　가장 확실한 영작 공부법이다. 1단계에 구술한 기본 문법을 어느 정도 완성했다면 2단계의 많이 읽기를 하면서 이제 3단계인 무조건 많이 쓰기를 병행하며 계속해야 한다. 많은 분들이 아직 내가 영어를 잘 못한다는 생각에 영작에는 감히 손도 못 대 본다. 그러다 보니 계속 문법 그것도 1형식, 2형식에서만 머무르며(3형식은 가보지도 못 한 채) 문법만 욕하고 있는 지경이다.

　어떤 사람이 매일매일 하느님께 복권에 당첨해 달라고 빌었다고 한다. 그렇게 정성껏 기도한 지 1년째 되는 날 하느님이 '펑' 하고 나타나서 머리를 탁 치시더란다.

　"야, 기도만 하지 말고 복권을 좀 사! 당첨되게 해 주고 싶은데 네가 복권을 안 사서 해 줄 수가 없다!"

　혹시 여러분은 복권도 사지 않은 채 매일매일 기도만 하고 있지는 않은가? 영작은 하지도 않고, 회화학원에 가도 말 한마디 안 하면서, 영어를 잘하게 되기를 바라는 그런 어리석은 사람이 아니길 바란다. 직접 영어를 쓰지 않는 사람에게 아무리 좋은 영작문 기술을 말해 봐야 소용없는 것이다. 여러분에 머릿속에 많든 적든 쌓여 있는 영어 지식을 자꾸 꺼내 봐야 한다. 언어는 꺼낼수록 줄어드는 것이 아니라 오히려 꺼낼수록 많아진다.

　혼자 일기를 써도 좋다. 친구와 이메일로 주고받아도 좋다. 영자신문을 읽고 그걸 요약해서 영어로 바꾸어 써 봐도 좋다. 자기가 하고 있는 행동 하나하나를 영어로 묘사 해 봐도 좋고 눈에 보이는 모든 것을 영어로 기술해 봐도 좋다. 방법은 무궁무진하다. 게다가 이런 것은 시간을 많이 소요하지도 않는다. 자, 하루라도 빨리 실천에 옮기자.

받아쓰기와 따라 읽기 공부법

토익의 LC수업을 하다 보면 내가 자주 하는 잔소리가 있다. 바로 받아쓰기와 따라 읽기에 대한 잔소리다.

"나 좀 볼까?"

"네? 저요?"

"매일매일 빠지지 않고 잘 나와 주어서 좋다."

"네. 선생님. 수업이 재미있어서요."

"그래? 고맙다. 근데 좀 더 영어를 잘할 수 있는 방법이 있는데"

"뭔데요?"

"LC수업시간에 말이야. 그냥 수업을 듣는 것만으로는 수업효과의 10퍼센트밖에 가져가지 못해."

"그럼 나머지는요?"

"내가 매일 강조하지? 직접 받아 써야 하고 큰 소리로 따라 읽어야 하는 거야."

"좀 쑥스러워서요. 영어도 못 하는데 다른 학생들 앞에서 소리내기가."

"다 똑같아. 잘하면 뭐 하러 학원에 왔겠니? 남들 신경 쓸 것 없어. 언어는 소리 내어 읽고 따라하는 게 굉장히 중요해."

"알겠어요. 한번 해 볼게요."

많은 학생들 특히나 남학생들일수록 남 앞에서 소리 내어 따라 읽는 것을 부끄러워한다. 그렇다고 혼자 있으면 하냐? 절대 그렇지도 않다. 결국 영어를 배우는 목적이 무엇인가? 배운 말로 나를 표현하고 남의 말을 이해해야 하는데 그런 부끄러움이 앞서서는 영어를 완성하기가 어려운 것이 사실이다.

1. 받아쓰기는 내 약점을 알려 준다

받아쓰기야말로 내가 모르는 부분을 정확하게 알려 주는 좋은 거울이다. 이렇게 좋은 받아쓰기를 안 하는 이유는 딱 한 가지일 것이다. 바로 '귀찮음'. 그렇다. 수많은 영어의 선각자들이 받아쓰기를 하라고 그렇게 강조를 해도 상당수의 사람들이 아주 조금 시도 하다가 안 해 버린다. 이래서야 영어를 완성하기 어렵다. 제발 영어 잘하는 사람들의 말대로 좀 따라 하자.

우직하게 하자. 공부는 절대로 잔꾀 많은 여우가 성공하지 않는다. 묵묵히 밭을 가는 소와 같은 성실함이 있어야 성공한다. 받아쓰기에는 뭐 대단한 요령도 필요 없다. 그저 들리는 대로 받아쓰면 된다. 해설지를 보고 확인하여 틀린 부분이나 혹은 전혀 안 들린 부분을 여러 번 반복해서 들으면 된다. 특히 어려운 부분들은 그 소리를 기억하려 애써야 한다. 그래야 다음에 그 표현이 들리면 알아들을 수 있지 않겠는가?

2. 따라 읽어야 리듬을 탄다

영어를 오래 공부해 보니 느낀 게 있다. 영어는 음악과 비슷하다. 리듬이 있다. 그 리듬을 몸에 익숙하게 해 놓으면 훨씬 잘 들린다. 말할 때도 그냥 하는 것보다 그 리듬에 몸을 실어 말하면 훨씬 폼 나는 영어가 된다. 그 리듬감은 어떻게 생기는 것일까? 바로 다름 아니라 줄기차게 따라 읽어야 하는 것이다.

나는 노래 중에 랩이 나오면 그 가사를 전혀 알아듣지 못한다. 영어? 한국어? 어떤 언어를 고사하고 랩의 가사는 못 알아듣겠다. 너무 빠르기도 하려니와 내 자신이 랩을 즐겨서 들어 본 적이 없고 따라 하려는 시도조차 하지 않았기 때문일 것이다.

영어도 이와 같다. 리듬감을 타지 않으면 절대로 영어가 들리지 않는다. 말하는 것도 불가능에 가깝다. 이 리듬감을 타자. 자꾸 따라 읽으면서 특별히 들으려고 노력하지 않아도 저절로 들리는 모국어처럼 영어도 익숙해져야 한다.

영어의 깊이를
더해 주는
사전공부법

"선생님, assembly의 품사가 뭐예요? ~ly로 끝나는데 부사인가요?"

"business가 가산명사예요? 불가산명사예요? 책마다 다른 것 같아 헷갈려요."

인터넷상에 이런 질문들을 하는 친구들이 꽤나 자주 있다. 강의 초기에는 이런 질문을 하는 사람이 솔직히 이해가 안 갔다. '집에 사전이 없어서 물어보나?' 하는 생각이 들었다. 나에겐 저런 질문을 한다는 것 자체가 이해가 안 가는 일이었다. 사전만 들춰 보면 나오는 일인데 왜 저런 질문을 하는 것인가?

그러나 강의를 좀 더 오래 하고 수많은 학생들을 만나다 보니 그 이유를 알게 되었다. 놀랍게도 상당수의 학생들이 사전 보는 법을 몰랐다. 사전을 볼 줄 모르니 저런 질문을 올려놓고 답변이 올라오기만을 몇 시간씩 기다리는 것이다. 안타까운 일 아닌가? 사전만 찾으면 몇 초 만에 알게 될 사실을 그 방법을 몰라서 무작정 기다린다니‥….

　사전을 찾아봤다면 assembly는 'n. 혹은 명' 이렇게 표시되어 있는 것을 보게 된다. 명사라는 뜻이다. business를 찾아보면 'C. 회사, U. 사업'이라고 표시되어 있다. 이것은 회사일 때는 가산명사(countable noun), 사업일 때는 불가산명사(uncountable noun)라는 뜻이다.

　이런 질문은 사전을 안 봐도 답변해 줄 수 있다. 하지만 내 딴에는 '물고기를 한 마리 줘서 한 끼 식사를 하게 하느니 물고기 잡는 법을 가르쳐서 평생 식량을 주자.'라는 생각으로 그런 질문이 올라오면 숙제를 내 줬다. 즉 사전을 찾아서 그 질문에 대한 대답을 스스로 찾아서 답변을 올려 달라고 주문을 했다. 그때 결과는 어땠을까? 해답을 찾아서 답변을 올린 사람은 지금까지 한 명도 없었다. 이것이 의미하는 것은 무엇인가.

　나는 이렇게 생각한다. 이런 질문을 올린 사람은 간지 사전을 찾을 줄 모르는 것만이 문제가 아니었다. 가장 근본적인 원인은 '게으름'이다. 나는 사이트 관리자이니 학생들의 접속기록을 다 볼 수 있다. 이런 질문을 올린 사람들은 그 답변을 듣고자 다시 방문하지도 않았다. 부끄러울 정도의 질문을 올려놓고는 해답을 듣고 싶어 하지도 않았다.

　게으른 사람들은 이 책을 여기까지 읽지도 않았을 테니 그들에 대한 잔소리는 생략하겠다. 적어도 여기까지 읽은 사람들은 분명 게으르지 않다고 생각한다. 사전을 볼 의지도 있을 것이다. 혹시 사전을 보는 법을 모른다면 사전의 첫 페이지를 보자. 작은 글씨로 되어 있어서 눈이 아프겠지만 그 사전을 보는 법이 다 쓰여 있다.

게으른 사람은 어떤 일도 성공할 수 없다. 내가 영어를 못하는 가장 큰 원인은 게으름이 아닌가 하고 자신을 되돌아 볼 필요가 있다. 내가 전자사전을 가지고 다니는 학생들을 나무라는 이유도 매한가지다. 전자사전을 가지고 다니는 사람은 분명 사전 가지고 다니기가 귀찮아서다. 귀찮아하는 사람은 전자사전마저도 보지 않는다. 영어를 정말 잘하는 사람들(대충 어느 정도 잘하는 사람 말고)은 전자사전을 쓰지 않는다.

　나는 사전을 너무나 아낀다. 내가 사용하는 사전은 여러 종류다. 영영사전, 영한사전, 한영사전, 동의어·반의어사전(thesaurus) 등인데 각기 다 필요한 경우가 있다. 알겠지만 사전의 종이는 매우 얇아서 쉽게 귀퉁이가 접힌다. 그러나 내 사전은 한군데도 접힌 데가 없다. 접힐 때마다 일일이 펴 주기 때문이다. 왜? 난 사전을 너무 아끼니까. 사전으로 인해서 영어를 잘하게 되었으니 얼마나 사전이 예쁘고 사랑스러운가?

　자, 마지막으로 사전 활용법을 정리하고 끝맺음을 해야겠다.

토익달인의 조언

❖ 영어사전 활용법

1. 사전의 기호에 익숙해지자. C, N, ad, Vt. 등이 의미하는 바를 알아야 한다. 기호에 대한 설명은 사전의 첫 페이지에 나와 있다.
2. 뜻은 하나만 아는 것보다는 여러 개를 알아 둘수록 좋다.
3. 단어들의 뜻과 예문을 동시에 봐 두자.
4. 예문에 나오는 단어들 간의 어울림을 알아야 한다(fast food이지 quick food 라고 하지 않는다. 이걸 알게 되면 "왜 이것도 우리말로 되는데 답이 되지 않아요?"라는 질문을 안 해도 된다).
5. 특히 동사는 구조를 잘 보아 둔다. '동사+목적어+보어' 이런 식으로 표현된 부분을 말하는데 영작이나 회화에 직접적 영향을 주는 중요한 부분이다.
6. 모든 것을 다 알아야 한다는 스트레스에서 벗어나라. 확인하고 예문을 보아 두는 것으로도 좋다. 다음에 또 보고 또 보는 것이 중요하다.

어학연수 꼭 가야 할까

나는 어학연수를 딱 2개월 남짓 다녀왔다. 대학생 때였는데 보통의 경우보다는 짧게 다녀왔다. 원래는 6개월이나 1년 정도 있을 예정이었다. 그런데 어학연수를 하는 학원에 가서 레벨테스트를 받았더니 어느 학원을 가도 가장 상위 레벨로 배정을 받았다. 최상위 레벨은 한 달 다니고 나면 그 학원을 졸업하게 된다. 더 이상 높은 레벨의 반이 개설되지 않는 것이었다. 그래서 계획보다 짧게 어학연수를 끝내고 돌아왔다. 다행스러운 것은 다녀오자마자 IMF가 터져 환율이 엄청나게 올랐다는 것이다. 내가 계속 외국에서 공부를 했다면 부모님께 큰 부담을 드렸을 것이다.

어학연수는 당연히 가는 것이 좋다. 심지어 난 이 정도로까지 말한다. "비행기 타 본 놈과 안 타 본 놈 사이에는 많은 차이가 있다."고. 하지만 무조건 가는 것은 당연히 문제가 있다. 무조건 가면 어느 정도 효과를 보기 위해서도 훨씬 많은 기간이 필요하게 되고 따라서 돈도 훨씬 많이 들게 된다. 따라서 국내에서 어느 정도 준비를 하고 가는 것이 비용 효율적이다.

"와, 성준아. 오랜만이다."

"선생님 덕분에 잘 다녀왔습니다."

"그래, 영어는 많이 늘였니?"

"여기서 많이 준비하고 가서 그런지 가서도 별로 당황스러운 일도 없었고요. 실력도 쑥쑥 늘어서 온 것 같아요. 이제는 영어가 더 재밌어졌고 영어로 말하고 싶어 근질근질해요."

"잘됐다. 축하해. 그리고 지금 영어에 감각이 살아 있을 때 부지런히 더 연습하렴. 멈추면 실력이 눈에 띄게 줄어들거든."

"네. 계속 열심히 하겠습니다."

이런 기특한 학생들도 있었다. 그런데 이런 경우도 있다.

"선생님 저는 워킹홀리데이(Working Holiday) 비자로 호주에 다녀왔는데요."

"오, 그래? 얼마동안?"

"한 1년이요."

"그래? 그럼 꽤 하겠구나?"

"남들이 그렇게 많이 생각하는데 저는 사실 실력이 거의 늘지 않았어요."

"그래? 왜 그럴까? 가서 한국인들과 어울리며 술만 먹은 거 아냐?"

"그건 아닌데 호주의 파밭에서 일만 죽도록 하다 왔어요. 이제는 기계보다 더 빨리 파를 뽑을 수 있어요. 거기서 별명이 '파 신'이었어요."

이렇게 일만 죽도록 하다온 학생도 있고 술만 먹다 오거나 이성교제에만 잔뜩 몰두하다 온 학생도 있다. 이래서야 소중한 외화만 낭비하고 본인에게도 시간낭비 아니겠는가?

여러분은 꼭 준비를 잘 하고 가자. 준비야 당연히 지금껏 이 책에서 읽은 대로 착실하게 영어를 공부하면 된다. 받아쓰고 따라 읽고 기본 문법도 익히고 영작도 하고 하는 것이다. 따로 어학연수에 대한 준비가 있는 것은 아니다. 그렇게 어느 정도 영어로 자신의 생각을 표현할 정도가 될 때 가는 것이 좋다. 그러면 훨씬 빠른 시간 안에 더 많은 것을 습득할 수 있다.

기간은 6개월 정도가 적절하다. 그 이상을 어학연수로 가는 것은 별 의미가 없다. 그 이상 가려면 아예 2~4년을 잡고 학위과정을 밟는 것이 좋다. 어학연수를 1년 넘게 갔다 오는 것은 아까운 일이다.

토익달인의 조언

❖ **어학연수 갈 때 주의할 점**

1. 영어에 대한 자신감이 70퍼센트 이상일 때 떠나는 것이 가장 효과적이다.
2. 가고자 하는 나라에 대한 충분한 조사를 하자.
3. 학원이나 홈스테이는 가능한 계약을 짧게 하자. 맘에 안 들면 즉시 바꾸어야 한다. 나 같은 경우는 학원을 미리 정하지 않고 직접 가서 청강을 일일이 해 보고 선택했다.
4. 어학연수의 주목적을 늘 상기하자. 말할 수 있는 기회를 계속 만들어 가야 한다. 물건을 살 때 말 한마디 하지 않고도 계산하는 짓은 하지 말자. 입을 쉬게 하지 마라.
5. 굳은 각오로 모든 유혹을 멀리 하자. 한국인 친구, 술, 도박, 마약 등.
6. 하루 24시간 영어의 바다에 빠져 있다 오자. 어학연수 가서 한국 비디오를 빌려다 보는 짓도 하지 말자. 당신은 해외에 거주하는 교포가 아니다.

전화영어와 학원의 효과

　우리나라에서는 영어 교육에 대한 열의가 뜨거운 나라이다 보니 전화로도 영어를 배울 수 있다. 가끔 학생들이 나에게 전화영어에 대해 의견을 묻기도 하는데 사실 나는 전화영어로 공부를 하진 않았으니 평가할 입장은 아니다.

　그런데 간편해 보이는 전화영어의 강의료는 학원 강의에 비하면 상당히 비싸다. 주 5일 하루 10분이 보통인데 대부분 7만 원 이상이다. 그나마 이 가격은 필리핀 선생님 기준이고 영미권 국가 선생님은 10만 원이 훌쩍 넘는다.

　학원은 주 5일 하루 50분 수업을 하고 12만 원 정도다. 물론 전화영어는 본인이 왔다 갔다 하는 수고 없이 편하다는 장점은 있다. 또한 적어도 10분 동안은 개인적으로 혼자서 선생님과의 시간을 가질 수 있다. 학원은 10명 정도의 학생이 있으니 용기를 내지 않으면 남들 말하는 거 듣다만 오게 될 가능성도 있긴 하다.

전화영어 시장이 형성된 지 얼마 되지 않아 가격 경쟁력이 없다고 생각되는데, 전화영어 자체는 좋은 방법이다. 직접 눈으로 대면하지 않고 전화로 말하는 것이 더 어려운 법인데 그 어려운 방법으로 연습을 하면 실제 대면하고 대화할 때는 훨씬 수월할 것이다. 집에서 편하게 공부할 수 있다는 것도 좋은 점이다.

아직은 학원에 직접 가서 배우는 것이 합리적인 선택이다. 앞에서 어학연수의 장점을 설파하고 준비를 한 후 갈 것을 강권했지만 여건상 갈 수 없는 학생들도 많이 있을 것이다. 그럼 차선책으로 학원은 어떨까? 어학연수는 상대국가에 따라 많이 차이나지만 월 평균 200만 원 이상 드는 것이 보통이다. 이걸 한국에서 학원을 다닌다고 생각하면 하루에 회화 수업을 20개 가까이 들을 수 있다는 결론이다.

물론 하루에 20시간 들을 수 없으니 보통 어학연수 가서 듣는 것처럼 하루에 4시간 정도만 회화를 듣는다면 5분의 1의 비용으로 어학연수를 가는 셈이다. 하루에 회화를 4시간씩이나 듣는 게 곤란하다면 좀 더 장기적으로는 어학연수 1년 비용으로 20년간 회화학원을 다닐 수 있다는 계산이 된다.

여러분이 만약 아주 어렸을 때부터 원어민이 있는 회화학원에 하루 비록 1시간이지만 20년을 다닌다면 어떤 결과가 있을 것이라고 생각하는가? 나는 실제 그런 사람을 알고 있다. 우리 학원 회화선생님이셨던 분인데 난 이분의 영어를 듣고 틀림없이 아주 어린 시절부터 영어권 국가에서 살다 온 사람으로 알았다. 발음이나 표현이 너무나 자연스러웠기 때문이다. 그런데 놀랍게도 전혀 비행기 한번 안 타 본 선생님이었다. 어떻게 이렇게 영어를 잘하게 되었냐고 물었더니 부모님 덕분이란다.

부모님이 어려서부터 무조건 원어민이 있는 학원에 매일 보내 줬다고 한다. 영어 단어를 외우고 문법 공부하라고 강요하는 게 아니라 학원 가서 놀라고 했다고 한다. 그 결과가 오늘날 이렇게 훌륭한 선생님을 만들게 되었다. 이 선생님의 얘기를 들으면서 나도 나중에 아이를 낳게 되면 꼭 이렇게 하리라고 마음먹게 되었다. 비용 대비 효과가 실로 큰 방법이 아닐 수 없다.

처마 끝에 한 방울씩 떨어지는 빗방울이 결국 단단한 돌덩어리도 뚫는 법이다. 6개월 집중해서 토익 고득점을 확보해야 하는 처지에 있는 사람들도 있겠지만 사실 가장 바람직한 방법은 오랜 시간 꾸준히 하는 것이다. 지금이라도 이 책을 읽으시는 분 중 고등학생이나 대학생은 회화학원을 꾸준히 다니시길 바란다. 나이가 약간 드셨더라도 지금이라도 하시는 것이 좋다. 자기가 살아온 날보다 앞으로 살아가야 할 날이 더 많이 남았다면 말이다.

온라인 강의는 효과가 있을까

여러분은 좋아하는 가수의 공연에 가 본 적이 있는가? 나는 좋아하는 가수가 여럿 있는데 공연에 직접 가 본 적은 한 번도 없었다. 절대로 대중가요를 폄하해서 그런 것이 아니라 솔직히 공연에 직접 가볼 돈이 없어서였다. 따라서 라디오에 나오는 것을 듣거나 아니면 정 좋아하는 가수가 있으면 테이프를 사서 듣곤 했다.

그러던 내가 서른이 넘어서 처음으로 콘서트에 가게 되었다. 직장도 생기고 수입이 생기면서 가게 된 것인데 그래도 비싼 입장료는 부담이 되긴 했다. 나는 가수 이문세를 무척 좋아했는데, '문세 형'의 모공이 보일 것 같은 두 번째 줄에 앉아 그의 노래를 직접 들으니 무척 떨리고 감동스러웠다.

학원에서 직강을 듣는 것과 컴퓨터를 이용한 '인강'의 차이도 그렇다. 콘서트 현장에서 가수의 노래를 듣는 것이 열광적이라면 집에서 CD를 듣는 것은 축 처지고 김빠지는 느낌이랄까.

그렇다면 가수가 녹음할 때는 일부러 맥 빠지게 부르고 콘서트장에서만 열광적으로 노래하는 것일까? 물론 그렇지 않다. 가수는 녹음실에서든 콘서트장에서든 최선을 다해 노래한다. 오히려 CD녹음에는 틀린 것은 수도 없이 수정하고 여러 가지 기계장치의 도움을 받아 완성도 면에서는 오히려 콘서트보다도 뛰어난 노래를 하는 것이다. 게다가 가격은 실제 콘서트의 6분의 1 수준이다.

그럼 콘서트에 직접 시간 내서 가는 그것도 6배 이상 비싼 돈을 내고 가서 CD처럼 완벽하지도 않은 노래를 들으면서 열광하고 심지어 눈물을 흘리는 사람들은 뭘까? 바로 여기에 콘서트가 흥행이 될 수 있는 요인이 있다. 사람은 누구나 실제로 자기가 직접 보고 듣는 것에 더 열광하게 되어 있다. 즉 모나리자의 그림을 사진으로 책에서 수도 없이 보아도 그냥 그런가 보다 할 뿐이다. 그러나 직접 루브르 박물관에 가서 모나리자를 본 사람은 극찬을 아끼지 않는다.

학원직강과 인강도 이런 정도의 차이다. 직강은 선생님을 직접 보면서 듣는 생생함이 살아 있다. 그리고 선생님과 눈을 직접 마주치기에 좀 더 머릿속에 더 잘 와 닿는다. 그래서 직강에 학생들이 몰리게 되나 보다. 실제 나의 수강생들도 인터넷 강의만 듣다가 실제 강의는 더 좋겠지 하는 기대감에 왔다는 학생들도 꽤 된다. 그리고 실제로 들으니 더 이해가 잘 간다고 고백한다.

사실 내용자체는 거의 유사하다. 다만 인강을 듣는 학생들의 태도가 더 문제가 아닐까 한다. 상당수의 학생들이 인강을 들을 때 집중을 못

한다. 옆에는 메신저가 켜 있고 휴대폰의 전화나 문자를 이따금씩 살펴보고 답장도 해 가며 듣는다. 그래서 직강은 50분도 잘 집중하는 학생들이 인강을 들을 땐 20~30분 집중하기도 힘들어한다.

    따라서 정리하자면 이렇다. 분명 인강은 그 수업의 질이 떨어지는 것은 아니다. 게다가 비용도 직강보다 훨씬 싸다. 따라서 인강을 통해 저렴하게 집에서 편하게 공부할 사람들은 그렇게 하면 된다. 다만 자기가 집중력이 약한 약점을 가진 사람들이면 좀 불편해도 좀 비싸도 학원을 나오면 된다. 누구보다 자신의 장단점을 알고 있을 것이다. 본인에게 맞는 수업을 빨리 잘 선택해서 영어를 빨리 완성하는 것이 무엇보다 중요한 일일 것이다.

초보자를 위한 영자신문 활용법

대학교 1학년 때 일이다. 영어를 너무 좋아해서 동아리도 영어동아리를 들어가려고 생각 중이었다. 이때 한 영어동아리가 영어시험을 봐서 신입생을 선발한다고 공고를 했다. 대부분의 동아리가 한 명이라도 더 뽑아 가려고 애를 쓰는 것에 비해 보면 상당히 특이한 일이었다. 그러나 나는 경쟁을 좋아하는 성격이라 시험이 있는 그 동아리에 지원을 했고 4 대 1의 경쟁률을 뚫고 동아리에 들어갔다.

그러나 들어간 것까지는 좋았지만 굉장히 당황스러운 일이 곧 생겼다. 나름 영어에 꽤나 자신 있었는데 영어잡지를 독해하는 그 동아리에서는 단 한 단락도 해석을 할 수 없었다. 사전이 없었냐? 아니다. 사전을 다 찾아도 해석이 안 되었다. 띄엄띄엄 단어를 찾아 말을 만들어 보아도 무슨 말인지를 하나도 모르는 나의 실력을 깨닫자 공포마저 느껴졌다.

모든 신입생들은 나와 같은 기분이었고 몇몇은 곧 동아리를 떠나고 말았다. 하지만 나는 지독히 열심히 했다. 포기하지 않고 계속 열심히 하며 선배님들에게 많이 배운 결과 나는 1학년 신입생 중에 가장 먼저 실력을 인정받아 2학년 때 부회장, 3학년 때는 회장을 맡게 되었다.

사실 신문기사나 영어잡지 기사는 우리가 흔히 접하는 교과서적인 영어와는 많이 다르다. 특히 신문보다도 한두 단계 이상 높은 영자잡지는 상당한 고급 어휘와 표현으로 되어 있어 정말 이해하기 어렵다. 나중에 미국인 회화선생님이 말씀해 주셨는데 미국 4년제 대학을 나온 학생들조차 영자잡지(《타임(Time)》〈뉴스위크(Newsweek)〉 등)는 읽지도 않고 읽어도 무슨 말인지 모른다고 했다.

따라서 여러분들은 아주 영어를 전문적으로 할 것이 아닌 이상은 영자잡지는 아예 꿈도 꾸지 말 것을 조심스럽게 조언 드린다. 그리고 그렇게까지 어려운 것을 할 필요는 없다. 하지만 영자신문은 충분히 도전 가능하고 꼭 해 보는 것이 좋다.

1단계로는 「코리아 타임즈」나 「코리아 헤럴드」처럼 우리나라에서 발행하는 영자신문으로 시작하자. 비교적 쉽다. 어휘나 표현도 좀 쉽지만 무엇보다 우리에게 익숙한 소식들이어서 더욱 이해하기가 좋다. 어떤 이들은 「코리아 헤럴드」나 「코리아 타임즈」가 오류가 있어서 영어학습에 도움이 안 된다는 말도 있는데 전혀 그렇지 않다. 충분히 실력 있는 기자들이 쓰며 더구나 원어민의 감수도 받고 있다. 간혹 오류가 있을 수 있지만 오류는 「워싱턴 타임즈(Washington Times)」에도 있다. 딱 「코리아 헤럴드」나 「코리아 타임즈」 정도의 영어가 대부분의 학습자에게는 적합하다. 딱 그 정도만 사전 없이도 줄줄 읽고 자신도 그와 비슷하게 써 나갈 수 있다면 정말 영어 잘한다는 소리 듣게 된다.

2단계로 더욱 고급 영어에 욕심이 나는 사람이라면 영미권에서 발행되는 영자신문이나 영자잡지에 도전해 보도록 한다. 그러나 영어실력이 고급 수준이 아니라면 들고 다니는 폼만 날 뿐 실제로 정복하기는 어려울 것이다. 토익 점수가 900점 이상이고 토익 교재 외에 다른 매체로 공부하고 싶을 때는 이 방법을 쓰는 것이 좋다. 따라서 아직 영어 초보자들에게 2단계에 대해서는 크게 논의할 필요가 없어 보인다.

자, 그럼 「코리아 헤럴드」나 「코리아 타임즈」를 가지고 어떻게 공부해야 하는가?

1. 신문을 다 읽으려 욕심내지 마라

하루에 한 개나 두 개의 기사만 소화해도 충분히 잘하고 있는 것이다.

2. 분야별로 집중 파고들기

어휘 공부 편에서 설명했듯이 나는 정치면 정치, 경제면 경제, 이렇게 분야별로 신문기사를 스크랩해서 읽었고 그렇게 해서 단어도 많이 쌓을 수 있었다.

3. 웹사이트에서 제공하는 MP3 적극활용하기

「코리아 헤럴드」나 「코리아 타임즈」에서는 자사의 기사에 대해서 원어민이 읽어 주는 서비스를 제공하고 있다. 일단 자기가 읽은 기사를 원어민의 음성으로 공부하는 것은 아주 좋은 공부 방법이다.

4. 다시 써 보기

읽은 기사를 요약해서 '다시 써 보기(re-write)'를 한다. 요약만 해서 써도 좋고 좀 더 실력이 된다면 자기의 의견까지 써 보면 더욱 좋겠다.

| 제 4 장 |

영어의 달인이 되자

Dream no small dreams.
꿈을 꾸되, 큰 꿈을 꾸자.

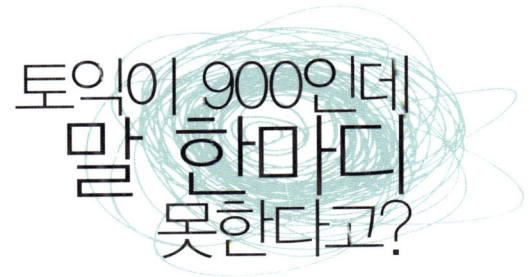

토익만점보다 외국어 의사소통이 중요

SK에너지는 지난해 처음으로 신입사원 채용 때 영어 인터뷰를 시도했다. 영어를 잘하는 사내 직원과 사외 외국인 강사, 한국인 영어강사 등 3명을 면접관으로 구성해 구직자 1인당 5분 동안 영어로 문답하는 식이다. 더 이상 점수 위주보다는 영어 구사능력을 갖춘 지원자를 뽑겠다는 것이다. 이 때문에 이 회사에 지망했던 구직자 중 900점 넘는 토익 점수를 제출했지만 말하기에 실패해 수십 명이 고배를 마셨다.

_ 2008년 10월 3일자 「매일경제」

2년 전 기사지만 아직도 이런 기사를 종종 본다. 몇몇 재벌그룹이 토익을 죽이고 다른 영어시험을 만들어 이익을 창출하려 한다는 음모

이론 따위는 언급하고 싶지 않다. 다만 여러분이 알아야 할 사실이 있다.
　토익은 LC와 RC로 나뉜다. 즉 토익은 듣기 능력과 글로 쓰인 것을 이해할 수 있는 능력을 측정하는 시험인 것이다. 시험 자체가 남이 하는 말을 잘 이해하는지, 영어로 쓰인 것을 잘 이해하는지를 측정하는 시험이란 얘기다. 작문(writing)과 스피킹 시험은 따로 시행되고 있다. 그럼 토익을 잘한다는 얘기는 남이 하는 말을 잘 이해하며 영어 글을 남보다 빨리 그리고 정확하게 이해한다는 뜻일 것이다. 실제 외국계 회사에서도 영어로 된 글을 읽는 일이 제일 많을 것이고 그다음으로는 남이 하는 말을 듣는 일이다. 토익은 그 자체로 역할을 충분히 하고 있다.
　만약 영어로 말을 하고 영어로 글을 쓰는 능력이 있는지를 평가하고자 한다면 그에 해당하는 스피킹과 작문 시험을 치러 거기서 좋은 점수를 얻은 사람은 그 능력이 있는 것으로 인정하여 채용하면 된다. 거꾸로 스피킹과 작문 능력이 좋다고 해서 리스닝과 리딩을 꼭 잘할 것으로 기대할 수는 없는 일이다. 이른바 언어의 4대영역인 듣기, 읽기, 말하기, 쓰기는 각기 상호보완적인 동시에 개별적 영역인 것이다.
　이런 토익의 특성을 이해하지 못한 채 한 해에 200만 명이 응시하는 단일시험 최대규모의 영어시험이라고 해서 여론의 뭇매를 맞아야 하는 것은 억울한 일이다. 만약 이런 식이라면 한자를 잘 읽는 어르신한테 '할아버지는 왜 중국말을 못해요?'라고 비난해야 마땅한 일이 아닌가? 영어로 된 글을 잘 읽고 잘 이해하는 사람한테 그 능력을 칭찬해 주지는 못할망정 '넌 영어로 말도 못하냐?'라고 주눅 들게 해서는 안 될 것이다.
　우리는 영어에 있어서 너무나 많은 콤플렉스를 안고 살고 있다.

"아, 당신은 이제 LC와 RC를 잘하시니 조금만 노력하면 speaking 과 writing도 잘하실 수 있어요. 조금만 더 노력합시다."

이렇게 격려해야 마땅한 일이다. 도대체 이 나라의 젊은이들을 얼마나 더 기를 죽여야 속이 시원한가? 그들이 a인지 the인지를 망설이며 말을 못하게 되는 것은 누구의 탓인가? 모음 앞에 the를 '더'라고 읽어야 할지 '디'라고 읽어야 할지 망설이다 잘못 읽었을 때도 지적하며 탓하지 말자. p와 f발음을 구분 못한다고 이 나라 젊은이들은 오늘도 탈모와 위궤양을 앓아 가고 있다.

자신감을 가지자! 영어를 먼저 정복한 사람으로 말하건대 분명 외국인인 우리가 영어를 정복하기 위해서는 먼저 Reading→Listening→Writing→Speaking의 순서로 정복해 나가는 게 맞다. 물론 반드시 한 단계를 먼저 완성 짓고 다음 단계로 나아갈 필요는 없다. 하지만 기본 방향은 이 방향이 맞다. 리딩이 되어야 스피킹이 되는 것이다. 쥐뿔도 없이 남의 말도 이해 못 하면서 스피킹이 될 수는 없는 일이다. 우리나라에서 거주하는 한, 즉 외국에 나가지 않는다면 내 말은 정말 사실이다.

따라서 여러분은 리딩을 통해 기본적 지식을 습득하고(그것이 토익점수로 말한다면 700점 이상은 되어야 한다는 뜻이다) 그다음 작문과 스피킹을 병행해야 한다. 그러면 습득이 훨씬 빨라질 뿐 아니라 리딩과 리스닝도 더불어 더 좋아지면서 토익도 고득점이 되는 것이다.

단 한 가지만 명심하자. 리딩과 리스닝을 공부할 때 해석이 위주가 되어서는 안 된다. 해석을 해서 우리말 뜻을 알았으면 그다음은 반드시 그 우리말을 영어로 바꾸어 보는 연습이 반드시 수반되어야 한다.

그러면 작문과 스피킹이 저절로 함께 연습되는 것이다. 즉 현행 공부법에 이 요령 - 우리말을 영어로 바꾸는 연습 - 한 가지만 추가함으로써 여러분의 영어는 훨씬 잘하는 쪽으로 나아가는 것이다.

 정말 별 거 없다. 고민하지 말자. 주눅 들지 말자. 사소한 것은 잊자. 완벽주의는 버리자. 외국인이 우리말 할 때 우리가 완벽을 기대하는가? "안녕하세요?" 한마디만 해도 훨씬 근사해 보이지 않던가? 그에 비하면 우리는 훨씬 더 많은 영어를 구사할 잠재력이 충분하다. 당장 여러분이 읽어서 알 수 있는 표현들만 손으로 가리고 다시 영어로 바꾸어 말해 보자. 그 표현들만 익숙해져도 여러분은 충분히 영어를 잘한다는 소리를 들을 것이다.

나도 철없던 시절에는 영어를 틀리게 사용하는 사람들을 비난하거나 무시했다. 그러나 적어도 다음과 같은 경우에는 비난하거나 무시해서는 안 된다는 생각이 든다.

첫째, 잘 쓴 표현인데 아주 사소한 오류 - 관사나 전치사 오류 등.
둘째, 영어의 초보로서 열심히 하고자 하는데 아직 부족한 경우.
셋째, 누군가에게 잘못 배워서 잘못된 지식을 가지고 있는 경우(예를 들어 that은 명사절, 형용사절, 부사절 접속사를 모두 사용가능한데 명사절만 된다고 배워서 그렇게 알고 있는 경우).

이상과 같은 경우라면 절대로 비난을 하지 말아야 한다고 생각한다.

첫째의 경우처럼 관사나 전치사 정도 오류야 별 대단한 것도 아니고 의미 전달에 큰 영향을 주지도 않는다. 원어민들도 종종 틀린다. 둘째나 셋째의 경우는 더욱 비난해서는 안 된다. 이제 열심히 하려고 하는데 기를 죽인다거나 누군가 잘못 알려 줘서 잘못 알고 있는 경우라면 어쩔 수 없지 않은가?

여러분이 먼저 산 정상에 올랐다고 해서 그 뒤를 올라오는 사람들의 손을 짓밟고, 빙판을 만들어서 미끄러트리고, 돌을 굴려서 올라오지 못하게 막아서야 되겠는가? 나는 종종 이런 일을 본다. 별것도 아닌데 남이 조금 틀리게 사용한 것을 부풀려 비난하는 사람들, 영어 못 한다고 아예 나가 죽으란 식의 언행들.

이렇게 소위 영어를 먼저 정복한 사람들이 뒤에 오는 사람들을 이끌어 주는 셰르파(Sherpa)의 역할을 해 주지는 못할망정 후학들이 공부하는데 방해가 되어서는 절대로 안 되겠다. 우리는 응원자가 되어야 한다. 지식의 전달자가 되어야 한다. 외국어 정복의 멘토(mentor)가 되어야 한다. 만약 누군가 여러분이 영어 못한다고 구박하면 그 사람과는 상종하지 마라. 적어도 영어공부하는 데 있어서는 그 사람으로 인해 여러분이 영어를 망치게 될 확률이 아주 크다.

여러분은 이제 공부하는 법도 알았고 실천을 해 가고 있는 중이다. 틀려도 좋다. 부끄러워하지 말자. 아기가 뛰지 못한다고 해서 걷지 말아야 하는가? 기어서도 안 되는가? 아니다. 기는 과정이 있었으니 걷는 것이고 걷는 과정이 있었으니 뛰게 되는 것이다. 이것은 동서고금의 진리다. 여러분이 기는 과정에 있든 심지어 갓 태어난 아기든 뛰고 싶은 열망은 누구나 가질 수 있고 노력하는 과정은 충분히 아름답다. 부끄러워하지 말자.

강의를 듣는 학생 중 한 명이 길을 가는데 외국인이 길을 물어보았다고 한다. 한참 영어를 공부하던 시기인데 절망적이게도 한마디도 못 알아들었단다. 아니 딱 한마디 알아들었다고 한다

"덕진 파~알크."

'아, 덕진공원을 찾는구나.' 하고 짐작하고, 이리로 가면 뭐 나오고 거기서 좀 더 가면 나오는데 가면 뭐가 볼거리인지까지 다 말하고 싶었다고 한다. 그러나 그 친구 입에서 나온 딱 한마디.

"쭉~ Go."

쭉 직진하라는 그 학생의 '친절한' 한마디와 손짓에 외국인은 "Thank you."를 연발하며 멀어져 갔다고 한다. 이 친구의 영어실력을 저울질하자는 게 아니다. 그는 웬만한 사람들보다 훨씬 낫다. 대부분의 사람들은 외국인이 말을 걸면 못 들은 척하거나 아니면 "I don't know." 하면서 피한다. 주위의 시선이 두려운 것이다.

제발 부끄러워하지 말자. 과감하게 틀리자. 틀리면서 배우는 것이다. 틀려 보지 않으면 완성할 수 없다. 발명왕 에디슨은 전구를 만들기 위해서 2,000번 이상의 실패한 실험을 반복했다. 하지만 그는 그 실험을 2,000번의 실패가 아니라 성공을 위한 2,000번의 과정이라고 했다. 홈런왕 베이비루스는 2가지 점에서 유명하다. 첫째는 최다 홈런왕으로 유명하다. 둘째는 잘 알려지지 않은 사실이지만 최다 삼진아웃왕으로도 기록에 남아 있다. 최다 홈런을 치기 위해서는 최다 삼진도 필요한 모양이다.

뻔뻔해지자. f를 어떻게 발음하면 어떤가? 못 알아들으면 다시 발음

해 주자. 그래도 못 알아들으면 철자로 써 주자(맹세컨대 f발음을 못 알아들어서 대화가 중단되는 일은 거의 없다). a? the? 틀려도 아무 지장 없다. 무수히 말하고 무수히 듣고 보고 하는 과정 중에 조금씩 완벽에 가까워지는 것이다.

자, 지금부터다. 'I don't care!(난 상관없어!)'

얼마나 시크하고 엣지 있는 표현인가? 상관없다. 여러분은 완성을 위해 2,000번의 실험을 하는 과정 중에 있는 것이고 최다 홈런을 치기 위해 한 번의 삼진아웃을 당했을 뿐이다. 한 번 더 삼진당하면 어떤가? 결국 여러분은 홈런왕이 될 것을!

영어 슬럼프 대처법

슬럼프는 누구에게나 찾아온다. 그럴 땐 차라리 하루 푹 쉬는 게 낫다고 한다. 과로로 슬럼프가 온 것이라면 그렇다. 사실 영어공부에 대한 슬럼프의 원인은 우리가 생각하는 것 이상으로 많다. 따라서 그 원인에 따른 처방도 달라져야 한다. 주원인들을 한번 살펴보자.

1. 육체적으로 너무 피로하다.
2. 열심히 해 보고자 하지만 도대체 책이나 강의 내용을 알아들을 수가 없다.
3. 이론적으로는 알겠는데 문제를 풀어보면 졸 안 풀린다.
4. 그 외: 여자 친구와의 갈등, 직장에서의 갈등 등.

첫 번째 경우처럼 너무 피곤하여서 생기는 슬럼프는 극복이 쉽다. 몇 시간의 다디단 낮잠 혹은 며칠간의 휴양으로 다 해결될 것이다. 이 정도의 휴식으로도 해결이 안 된다면 병이 있는 것이니 꼭 병원을 가 보실 것!

여기서 여러분이 꼭 기억하실 것은 휴식을 취하는 것이 그다음의 학업을 위한 소중한 비타민이어야 한다는 것이다. 머릿속을 잘 지휘해야 한다, 능동적으로. 예를 들면 이런 식이다.

"자, 지금부터 좀 쉬자. 단 내가 약속한 이 휴식이 끝나고 나면 더욱더 나는 열심히 할 거야. 아자, 홧팅!"

이런 말을 한마디가 우스워 보이지만 한번 외쳐 보면 안다. 외치고 안 외치고는 마음에 끼치는 영향이 확연히 다르다.

두 번째 원인은 영어 초보 시절에 자주 겪게 된다. 하고는 싶은데 못 알아듣겠으니 하기가 싫어지는 것이다. 해법은 간단하다. 일단은 자기가 이해가 잘 가는 책과 강의를 들어야 한다. 남들이 좋다는 거 따라 하는 게 아니라 내 수준에 맞는 걸 찾아야 한다. 이때 몇 번의 시행착오는 각오해야 한다. 누구나 그런 단계를 거쳐 자기에게 맞는 것을 찾아내는 것이다. 그렇게 해서 찾았으면 그다음은 이 책에서 가장 강조하는 것을 여러 번 반복하기를 하시길 바란다. 몰라도 좋다. 막혀도 좋다. 일단 빠른 속도로 한 번 독파, 다시 독파, 다시 독파……. 이렇게 3~5회 정도 반복하면 대부분은 다 알게 된다.

세 번째 원인, 이론은 많이 이해했으나 문제가 안 풀린다? 이거 아주 속상하다. 공부를 안 한 것도 아닌데……. 그런데 놀라운 사실은 이런 문제는 누구나 겪는다는 것이다. 대부분은 여기서 좌절하고 적당한 점수로 마무리 짓는데 토익 점수로 말하자면 600~700점 단계다. 여기에서 정말 잘하는 800~900점 이상으로 올라가려면 좀 더 문제를 많이 풀어야 한다.

이게 진리다. 육상선수에게 스타트 자세가 어쩌고, 등을 몇 도로 굽히고 해 봐야 다 알고 있는 사실이지 않은가? 관건은 누가 그걸 더 많이 연습해서 완벽한 이론을 실천에 옮기느냐다. 올림픽 금메달을 위해 수천, 수만 번 반복하듯이 여러분도 그래야 한다. 여러분의 자세도 이와 다르지 않아야 한다.

같은 문제를 수천 번은 아니어도 여러 차례 풀어볼 필요가 있다. 완벽하게 왜 답인지 왜 오답인지를 알아야 하며 예문에 나오는 단어도 싹 외우고 문장 해석도 완벽하게 해야 한다. 그렇지 않고 느낌으로 푼 문제들은 자기 것이 아닌 것이다. 그러면 조금만 변형되어도 다음에는 틀리고 마는 것이다.

자, 명심하자. 900점 이상의 고득점자들은 파트5와 파트6의 문법문제만 해도 최소 5,000~1만 문제를 푼다. 즉 실전 문제집 20회분짜리로 10권을 푼 사람들만이 900점의 고지를 찍는 것이다. 어떤가? 자신이 너무 게으른 천재가 아닌가, 아니면 게으른 욕심쟁이인가?

네 번째 오인은 내가 조언을 할 범위를 벗어난 것 같다. 한 가지만 알아 두자. 우리가 걱정하는 것들의 98퍼센트는 실제로 일어나지도 않는 일들이며 단지 2퍼센트만이 실제로 일어난다는 것이다. 따라서 지나친 걱정은 접는 것이 좋겠다. 공부를 잘하는 사람은 실제로 놀라울 정도로 자신을 잘 통제한다. 그들에게는 왜 근심 걱정이 없겠는가? 왜 유혹이 없겠는가? 이런 것을 모두 잘 통제하고 일관된 목표를 향해 나아가는 집념이 있기에 그들은 공부를 잘하게 되는 것이고 우리는 그런 사람들을 존경해 마지않는 것이다. 왜 토익과 아무 상관없는 회사에서 토익 점수를 따질까? 토익 900점을 받기까지의 성실함과 자기 통제력을 높이 사는 것이다. 그런 사람이라면 무슨 일을 맡겨도 인생을 대충 살아온 토익 500점보다는 더 잘할 확률이 높으니까.

영어를 완성시키는 6가지 습관

1. 끝까지 여러 번 빨리 보기

정말 중요한 습관이다. 꼭 명심해야 한다. 영어책은 꼭 끝까지 봐야 한다. 모르는 게 있어도, 정말 많아도 무조건 끝까지 가야 한다. 대신 빠르게 여러 번 볼 것을 권한다. 느리게 보면 효과가 없다. 이해가 안 가도 그냥 빠르게 봐라. 그리고 또 보는 거다. 이렇게 세 번 다섯 번 볼수록 점점 이해가 되는 게 많아진다. 모르는 게 많은 사람은 일단 두세 번 볼 때까지는 문제 풀 생각도 마라. 문제는 나중에 책의 설명에 대한 이해가 80퍼센트 이상 되었다고 느껴질 때 푸는 것이 좋다. 이렇게 해서 얻게 되는 효과는 놀랍다. 꼭 실천해 보자.

2. 사전을 사랑하자

　사전에 모든 해답이 다 있다. 아무리 어려운 것도 사전을 연구하면 답이 다 나온다. 사전 안에는 문법부터 용례, 어휘, 모든 것이 다 들어 있다. 사실 사전만 있으면 선생님이 필요 없을 정도다. 명심하라. 사전 찾기를 게을리하면 영어의 완성은 요원하다. 사전에 손때가 새카맣게 될 때까지 늘 곁에 두어야 한다. 기왕이면 어떤 사전? 영영사전!

3. 왜 답인지와 아닌지가 명확한가?

　대충 느낌으로만 풀고 넘어 가는 것은 자신의 상태의 확인일 뿐이다. 자신의 상태만 확인해서는 점수가 올라갈 리가 없지 않은가? 발전하려면 어떻게 해야 할까? 남김없이 왜 답인지와 왜 답이 아닌지가 명확해야 한다. 문제 풀 때 단어는 다 외워야 하냐고? 해석도 다 해 봐야 하냐고? 그 단어 다 알면 안 해도 된다. 해석 술술 하면 안 해도 된다. 그러나 안 되면? 당연히 해야 한다. 왜 거기 있는 단어 안 외우고 따로 단어장 사고 따로 독해책 사는가? 집에 김장 잔뜩 해 놨는데 그거 안 먹고 다른 김치 사다 먹을 텐가?

4. 책의 한글 해석을 영어로!

　모든 책에는 한글 해석이 나온다. 그 한글을 영어로 바꾸어 본다. 방금 본 문장이니 웬만큼은 생각날 것이다. 그런 연습을 꾸준히 하면 작문과 스피킹 실력이 저절로 늘어나는 것이다. 따로 하려고 하지 말고 할 때 집중적으로 같이 해라!

5. 문법 끝내고 청취 끝내고?

아니다. 한꺼번에 매일매일 해야 한다. 문법 끝내고 리스닝 끝내고 단어 끝내고 독해 끝내고 이런 식으로 순서를 정하는 분들은 평생 문법만 하게 된다. 그래서 문법이 욕먹는 것이다. 평생 단어만 해 봐라. 단어만 욕먹을 것이다. 골고루 해야 언어는 조화롭게 발전될 뿐 아니라 1+1=2가 되는 것이 아니라 10이 된다. 매일매일 고르게 섭취하자!

6. 모든 관심은 영어에!

일상생활에서도 모든 관심은 영어에 있어야 한다. 길을 혼자 걸어도 자신이 보는 사물 자신의 행동을 영어로 중얼거려야 한다. 영화나 드라마 노래를 들어도 영어로 된 것을 가까이 해야 한다. 버스에서 앞 사람 티셔츠에 영어가 쓰여 있으면 해석을 해 보아야 한다. 이때 모르는 단어가 있으면 따로 적어 두지 않아도 집에 가면 그 단어가 제일 먼저 궁금해서 사전에 절로 손이 가야 한다. 나는 모르는 단어를 만났을 때 적어 둔 적이 없다. 하루 종일 그 단어만 생각나고 사전이 있는 곳에 가면 그 단어부터 찾아야 다음 일을 할 수 있으니까. 그리고 그렇게 하루 종일 안달을 하고 기억했던 영어단어는 다른 단어보다도 더욱 기억에 잘 남는다.

영어에 실패하는 6가지 습관

1. 수동적으로 수업만 듣기

그저 학교나 학원만 왔다 갔다 하고 본인의 노력이 별로 투여되지 않는 경우를 말한다. 멍하니 앉아 있고 필기도 안 하고 따라하지도 않고 예습이나 복습은 절대 하지 않는 경우가 꽤나 많다. 도대체 언제까지 감이 떨어지기를 기다리고 있을 것인가? 사다리도 찾아보고 나무에 기어 올라가보기도 해야 하는 것 아닌가? 기어 올라가다 떨어진다 해도 그 와중에 나무를 흔들었기에 떨어지는 감도 있을 것 아닌가?

2. 침묵은 금이다?

영어에서 만큼은 정반대다. 침묵은 똥이요, 큰 소리로 읽는 것은 다이아몬드다. 언어를 공부하면서 눈으로만 하는 것만큼 비효율적인 것은 없다. 제발 소리 내어 읽어라. 영어란 화초는 바로 여러분 자신의 소리를 양분삼아 먹고 자란다. 머릿속으로만 생각해 본 "Thank you." "You're welcome."은 절대 그 상황이 되면 입으로 나오지 않는다.

3. 조급증이 화를 부른다

공부는 아주 조금 하고 빨리 성적이 안 오른다고 안달하는 사람들……. 이제 영어를 접어야겠다고 선언하는 사람들. 판단력과 결정 속도가 대단하다. 이 책을 여기까지 읽은 독자들은 조급증에 걸리진 않았을 것 같다. 여러분은 좀 더 진득하게 하길 바란다. 소처럼 한 걸음 한 걸음씩 가야 한다. 꾸준히 매일매일 쭉 하는 거다. 그렇게 영어의 완성은 소리 없이 다가온다.

4. 이 책, 저 책, 이 학원, 저 학원, 왔다 갔다 하기

물론 처음 선택할 때 신중을 기해야 한다. 공부 잘하는 남의 이야기도 들어 봐야 하고 자신이 직접 들어 보고 비교도 해 봐야 한다. 또한 선택했다 해도 아니다 싶으면 단호히 접어야 할 때도 있을 것이다. 또한 이런 과정은 누구나 초기에는 겪는 것이다. 그러나 이런 과정이 계속된다면 문제가 있다. 올바른 선택을 못하는 판단력의 부재이거나 아니면 정신분열증이 있거나 둘 중 하나일 것이다. 일단 선택했으면 어떻게? 끝까지 빠르게 여러 번!

5. 잘못된 방법 고집하기

이건 이거라고 이건 이렇게 하는 거라고 얘기해도 들을 땐 그저 그

때일· 뿐. 돌아서고 나면 여전히 자신만의 스타일을 고집하는 당신은 초지일관형? 그 결과는 어떤가? 자신만의 방법대로 해서 성공해 왔다면 이 책을 집어 들지 않았을 것이다. 모든 것은 결과가 말해 준다. 결과가 안 좋았으면 바꿔야 한다. 자신의 방법으로는 성공이 안 되면 그건 뭔가 문제가 있다는 증거 아닌가? 좋은 선생님이 좋은 책이 권하는 방법을 우직하게 따라하자. 당신의 변신은 무죄!

6. 아무 생각하지 않기

그저 아무 생각이 없는 사람들을 꽤 많이 만나 본 나로서는 답답하다. 아주 조금만 생각해 봐도 알 수 있는 사실을 말 안 해 주면 스스로는 절대 깨닫지 못하는 사람들이 있다. 선을 하나 그어 놓고 이게 뭐냐고 물으면 '작대기'라는 대답 외에는 아무것도 생각하지 못하는 사람들은 영어뿐 아니라 다른 일도 성공하기가 힘든 것 같다. "He cut it."이라는 문장에서 cut이 왜 cuts가 아닐까를 생각해 내지 못하는 사람이나 "He needs it."에서 need는 과거시제인데 왜 ~s가 있냐고 질문하는 사람들은 아무 생각이 없는 사람에 해당된다. 스스로 고민도 할 필요가 있는 것이다. 이건 왜 이럴까? 다르게 생각해 보면 어떨까? 사전을 찾아볼까? 이런 과정에서 영어는 쑥쑥 커져 간다.

토익 실전 시간관리 전략

다음은 실제 시험에서 내가 하는 요령 그대로다.

사람에 따라서는 이 전략과 다른 방법이 더 맞는 사람도 있을 것이다. 가령 문법은 하나도 모르고 독해는 대충 할 수 있다면 당연히 파트7에 더 집중을 해야 할 것이다. 즉 파트7부터 먼저 여유를 가지고 하고 어차피 해도 안 되는 파트5와 파트6의 문법부분은 나중에 시간 나는 대로 풀고 시간 안 되면 찍어야 할 것이다. 이렇게 사람마다 적용법은 달라진다. 그러나 아래 내가 적는 것은 분명 가장 모범이 되는 방법임에 틀림없다. 아주 초고득점을 바라는 사람이라면 아래를 꼭 참그하고 연습하면 좋겠다.

1. 파트1

　디렉션(direction) 시간에 파트5를 푼다. 사람마다 차이는 있겠지만 최소 3~10개 정도는 풀 수 있다. 마킹은 답안지에 '갈매기 표시(∨)'로만 해 둔다.

　이때 파트1의 1번 문제지가 시작되는 부분에 손가락을 넣어 두었다가 "Now Part One will begin~"이라는 말이 들리면 파트1을 재빨리 펼쳐 집중한다.

　파트1은 A~D를 손가락으로 짚어 가며 아닌 것을 하나하나씩 지워 간다. 만약 답이 B라 생각되면 손가락은 B에 정지해 놓는다. 이렇게 하는 이유는 다 들었는데 답이 뭐였는지 기억이 안 나는 현상을 예방한다. 게다가 최대한 집중력을 발휘하게 도와준다.

　참고로 답이 A라 생각되어도 뒤의 문제(파트 5)를 보느라 부산떨지 말자. 그러는 사람치고 진정한 고득점자 못 봤다. A~D를 소중하게 모두 듣자. 다음 시험을 위한 대비이기도 하다.

2. 파트2

　디렉션 시간에 역시 파트5를 푼다. 마찬가지로 최소 3~8개 정도는 풀 수 있다. 역시 마킹은 답안지에 '갈매기 표시'로만 해 둔다.

　파트2가 시작되면 재빨리 파트2에 집중함은 물론이려니와 질문을 최대한 집중해서 듣는다. 또한 질문의 의미를 한글로 머릿속에 두세 번 되뇌어 둔다. 즉 "Where is Mr. Kim?" 하면 머릿속으로 "김씨, 어디 있니? 김씨, 어디 있니?"와 같이 마음속으로 외쳐 보라는 것이다. 이렇게 하는 이유는 가끔 분명히 듣기는 들었는데 A~C를 듣는 동안 질문 내용이 기억이 안 나는 것을 방지하기 위해서다. 역시 A~C를 모두 집중해서 듣고 확실한 정답을 골라야 한다.

파트1과 파트2는 도두 답안지에 직접 마킹한다. 이때는 완벽하게 제대로 된 마킹을 한다. 그래도 시간이 충분하다.

가끔 답을 모를 때도 있을 것이다. 그땐 오라 생각하지 말자. 다음 번호가 시작되면 그 번호는 미련 없이 포기해야 한다. 미련을 가질수록 본인에게 손해다. 그냥 찍고 넘어가자.

3. 파트3

여기서부터는 빠른 독해 능력이 요구된다. 따라서 RC를 미리 푸는 건 그만둔다. RC에 대한 신경은 꺼라.

뉴토익에서는 질문이 3개씩 끊어진다. 독해능력이 좀 떨어진다면 일단 질문만 3개를 읽는다. A~D 지문을 읽지 않는다는 뜻이다(물론 이런 사람들은 고득점은 어렵다).

질문을 읽을 때 핵심어를 찾아 기억해 두거나 시험지에 살짝 표시한다. 그리고 정신 바짝 차려 들으면서 핵심어에 해당하는 문장이 나오면 재빨리 문제지에 살짝 표시를 한다(답지에 마킹하느라 다음 문제 읽을 시간을 놓치지 말 것). 아무리 늦어도 3문제 세트에 대한 표시는 3문제 한 세트 중 첫 번째 질문이 끝나기 전에 끝내야 한다. 즉 방송에서 질문2, 3을 읽고 있을 때 우리는 다음 세트로 넘어가서 위에서 말한 미리 읽기를 하고 대비하고 있어야 한다.

역시 그 시간 안에 못하면 어차피 틀린다. 뿐만 아니라 그다음 문제까지 연속적으로 틀리게 될 확률이 매우 커진다. 과감하게 틀려라. 망설이면 더욱 손해가 커진다!

4. 파트4

여기도 파트3과 마찬가지로 3문제씩 읽고 대비한다. 여기서는 A~D까지 읽는 게 좋은데 파트3도 그렇지만 파트4는 A~D까지 다 읽으면 고수들은 답을 어느 정도 예상이 가능하다.

예를 들어 나는 방송 하나도 안 듣고 질문과 보기만 읽어도 70퍼센트까지는 정답을 맞힐 자신이 있다. 여기에 방송까지 들으면 나머지 30퍼센트 채우는 거야 일도 아니지 않은가? 이런 예측력은 어디서 나오는가? 영어로 된 글을 많이 읽고 많이 듣고 문제를 많이 풀어 봄으로써 형성된다.

파트4까지 문제지에 답안 표기가 끝나면 파트3과 파트4의 마킹을 재빨리 답안지로 옮긴다(3개씩 끊어 옮기면 실수하지 않는다). 이때 연필심은 뭉툭하게 준비해 두는 것이 요령이다. 그래야 빨리 칠 할수 있으니까.

5. 파트5~6

미리 풀어 둔 파트5의 6~18개의 문제는 다시 보지 않는다. 푼 문제는 두고 안 푼 문제를 뒤를 이어 계속 푼다. 시간은 파트4가 끝난 뒤의 마킹 시간을 포함하여 20분 안에 끊어야 한다. 마킹은 '갈매기 표시'로 하였다가 152번이 끝나면 한꺼번에 하는 것이 편하다.

파트6은 문법문제는 빈칸의 앞뒤 2~3단어만 보고 어휘는 그 단어가 속해 있는 문장만 보면 된다. 물론 진정한 고수는 모든 지문을 독해하고 풀어도 시간이 된다. 그러나 보통 학생들은 이것이 거의 불가능하므로 앞뒤만 보고 맞추자는 것이다.

6. 파트7

지문 1개짜리든 2개짜리든 문제 하나당 1분을 넘기면 안 된다. 즉 지문에 4개의 질문이 딸려 있으면 4분 안에 끊어야 하는 것이다.

마킹은 답지에 '갈매기 표시'만 했다가 독해하는 중에 지겨움이 느껴지면 한 번쯤 몰아서 정식 마킹을 한다. 이때 잠시 머리를 식히고 다시 독해에 집중한다. 나는 보통 180번 끝나고 정식 마킹, 190번 끝나고 정식 마킹, 195번 끝나고 정식 마킹, 나머지 마무리의 순으로 끝낸다. 이래야 머리도 식힐 수 있고, 시간부족으로 다 풀어놓고 마킹을 못 하는 불상사를 막을 수 있다.

독해와 어휘가 점점 더 뉴토익에 관건이 되어 가고 있다. 수험자들은 평소 영어로 된 글을 많이 읽고 접해 볼 것을 권한다. 다시 한 번 강조하건대 영영사전은 훌륭한 보조자다.

토익달인의 조언

2010년 들어 독해가 시간을 매우 많이 잡아먹게 출제되고 있다. 즉 독해가 '독해'지고 있는 것이다. 이에 대한 해법은 이 책 독자들에게만 살짝 알려드린다. 비밀은 LC 끝나고 파트5~6을 하지 말고 파트7부터 하라는 것이다. 왜냐하면 같은 10분, 20분이 남았을 경우 파트7은 마음단 조급해서 문제는 눈에 안들어오고 시간만 허비된다. 그러나 파트5~6은 10분만 남아도 여유롭게 많은 문제를 풀 수 있다. 자 아래 시간 관리 요령을 숙지하고 실전에 적용하자.

10:10~10:55 파트1~4 듣고 풀기(1번~100번, 45분간)
10:55~11:20 파트7 이중지문독해(181~200번, 25분간, 1세트당 6분 15초)
11:20~11:50 파트7 단일지문독해(153~180번, 30분간, 1문제당 1분)
11:50~11:57 파트6 장문공란유형(141~152번, 7분간, 1세트당 1분 45초)
11:57~12:10 파트5 단문공란유형(111~140번, 13분간, 1문제당 26초)
※ 파본 검사 및 파트1, 파트2의 디렉션 시간 약 4분은 101~110번 풀기

뉴토익에 맞는 맞춤형 학습법
(괄호 안은 파트5~6을 합산한 수치임)

1. 문장 구조 파악하기(약 20문항)

가장 우선적으로 필요한 것은 뭘까? 한마디로 문장 구조(structure)를 잘 파악하는 것이다. 문장 구조를 잘 분석하기 위해서는 눈으로만 보면 안 되고 연필을 들고 영어문장을 샅샅이 분석하는 것이 습관화되어야 한다. 이를 숙달하게 되면 LC를 들으면서도 머릿속에 연필이 돌아다니며 분석을 할 수 있는 경지에 이르게 되고 이렇게 숙련된 문장 구조 분석을 통해 영작과 회화가 가능해지는 놀라운 체험을 몸소 하게 된다. 내가 바로 이 학습법을 통해 영어를 완성한 살아 있는 증인이다. 문장 구조에 대한 문제는 파트5~6을 통틀어 무려 20문제가량이 나온다.

2. 주요 문법의 정리(약 11문항)

기왕 문법 얘기 한 김에 조금 더 하겠다. 앞에서 말한 문장 구조 파악이 잘되었으면 너무 구질구질한 작은 문법들은 과감히 접고 동사 관련하여 정·준동사 개념(이는 문장 구조 파악과도 밀접한 관련이 있다)을 정확히 알아야 하고 단·복수 그리고 능동·수동태를 과학적으로 빠르게 푸는 법 시저의 몇 가지 요령들을 숙지한다. 마지막으로 접속사에 대해 정확히 알아야 하는데 이 역시 문장 구조 파악 없이는 불가능하다.

토익은 문법책에만 나오는 이상한 것들은 시험에 내지 않는다. 실제 글을 쓰고 말을 하는데 꼭 필요한 문법만 내니 실로 착한 시험이다. 이게 토익 문제를 내는 출제 위원들의 기준이다. 이런 굵직한 문법은 매월 총 11문제가량이 나온다.

3. 어휘 학습의 강화(약 21문항)

기출 어휘들은 무조건 100퍼센트 소화시킨다. 파트5-6을 합쳐 약 21문항의 어휘 문제 중 적게 잡아도 15문제 이상은 기출표현이다. 즉 21문제 중 15개 이상은 알려 주고 시작하는 게임이라는 것! 게으른 사람은 줘도 못 먹는다. 하지만 약 5~6문제 정도는 새로 출제되고 있다. 이는 솔직히 단시일 내에 해소되지는 않는다. 그러나 거꾸로 말해 약 5문제 빼고는 노력만 하면 다 맞출 수 있다는 뜻이니까 너무 겁먹지 마라. 여러분은 만점이 필요한 건 아니지 않은가? 하지만 나머지 문제까지 꼭 맞추고 싶은 분들이라면 다음의 요령을 알고 가면 좋다.

4. 독해를 게을리하지 마라(초고득점을 위한 마지막 충고)

　공부 좀 한 사람들 성적이 좀 나오는 사람들은 본인은 독해를 안 할 뿐 마음먹고 하면 할 수 있다고 생각해서 안 한다. 한편 이제 공부를 시작한 사람들은 우선 문법 등 뭐 다른 것부터 끝내고 독해는 나중에 하겠다고 생각한다. 뭐 이런 식으로 여러 가지 이유로 독해는 등한시하고 있다.

　그러나 잘못된 생각이다. 나의 만점행진의 비결은 영어로 된 다양한 글을 정말 많이 읽었다는 데 있다. 그것들이 녹아들어 어느 정도 점수 되는 사람들이 놓치는 문제마저 낚아채게 되는 것이다.

　독해는 연습량이 일정량 이상 쌓여야 그 효과를 볼 수 있는데 이를 실천하는 사람은 많지 않다. 그래서 영어를 잘하는 사람이 많지 않은 것이기도 하다. 영어를 잘하고 싶다면 독해도 매일 해야 한다. 그 속에서 2~4단어씩 연결되는 표현들을 주워 담고 문장 구조 파악하고 빠른 독해 능력을 길러 영어 표현들에 푹 빠져야 한다. 그러면 어느새 어휘는 물론 LC까지도 잘 들리는 경험을 하게 된다. 나는 다른 사람에 비해 LC공부를 상당히 적게 했다. 왜냐하면 그냥 들렸으니까. 바로 그 비결은 영어로 된 글을 많이 읽은 것 그것이 보약이 되어 작용한 것이라 생각한다.

　마지막으로 이 모든 것은 종합적으로 이루어져야 가장 효율적인 학습법이 된다. 명심하라! 매일매일 밥 먹고 세수하고 잠자듯 LC 문법 어휘 독해는 매일 매일 학습해야 한다. 그리고 어느 정도 점수가 되면 말하기와 쓰기에도 도전해야 한다. 꼭 그곳까지 가는 여러분이 되기를 바란다. 그래야 '정상에서 만날 수' 있다!

토익만점자는 이렇게 공부한다

    토익 초급자라면 문장 구성 원리와 빈출 기본 문법을 먼저 숙지하고 중고급 수험자라면 빠른 독해능력과 이를 통한 어휘의 강화가 필요하다.

    최신 토익의 경향을 보면 파트5의 경우는 평균적으로 문법 24문항, 어휘 16문항이며, 파트6은 문법과 어휘가 각각 7문항, 5문항 수준. 따라서 여전히 기본적인 문법은 반드시 숙지해야 하는데 지나치게 어려운 부분까지는 들어갈 필요가 없고 기본적인 것들을 다양하게 응용하여 물어보고 있다는 점을 주목해야 한다.

    따라서 초급자라면 기본문법을 최소 3회 이상 통독하여 자주 나오는 문법 문제를 숙지하고 문장 구조를 빠르게 분석할 줄 알아야 다른 문제 풀이나 독해에도 많은 도움을 가지게 된다는 점을 명심한다. 더불어 문장 구조를 빠르게 파악하는 능력은 작문이나 스피킹에 있어서도 기본적으로 반드시 필요한 부분이므로 이를 간과하지 말자.

  중고급 수험자라면 기본 문법은 어느 정도 자신 있겠지만 어휘 문제와 의외로 독해에서 많이 틀리는 것을 볼 수 있는데 이는 단어장만 가지고 공부해서는 해결되지 않는다. 따라서 반드시 토익의 파트7 예문들을 많이 접하여 어휘도 늘리고 빠른 독해 능력을 배양하여야 한다. 빠른 독해 능력은 LC의 파트3~4 부분에도 많은 도움을 주므로 반드시 나의 말에 귀를 기울였으면 한다. 특히 어휘 문제들은 기출문제 일변도를 벗어나서 전체 문항 중 약 5문항은 영어로 된 글을 아주 많이 읽어본 사람이거나 많이 사용해 본 사람들이 맞출 수 있는 그런 수준의 단어들이란 점도 알고 있어야 한다.

  틀린 문제의 분석은 초급자나 그 이상이나 모두 필요한 부분이다. 특히 중급 이상의 수험자가 자기가 틀린 문제를 정확히 파악하는 것은 최고의 실력을 갖추는 지름길이다. 이를 위해서 흔히 오답노트를 많이 권한다. 그러나 나는 좀 다른 생각이다. 뭐 오답 노트를 만들어도 좋지만 만드는 자체에 지나치게 시간이 소요되는 단점이 있다면 차라리 틀린 것만 정확하게 표시해 두고 또 보면 그게 오답노트지 뭐 별거 있나? 오답노트의 본질은 틀린 문제를 다시 보아 정확하게 익혀서 다시는 안 틀리게 한다는 것이다.

  따라서 틀린 것은 말할 것도 없거니와 맞았지만 대충 찍은 문제들도 철저히 리뷰해야 한다. A, B, C, D, 하나하나 모두 말이다. "에이, 문제가 치사하다. 다음에 나오면 맞출 수 있어." 하는 분들은 다음에 절대 못 맞춘다. 1,000톤의 망치로 얻어맞은 듯한 충격을 받고 철저히 리뷰

해야 한다.

만점자들은 어떻게 리뷰를 할까?

1단계: '왜 답이 그것일까?'를 연구한다.

거울을 보고 스스로에게 설명이 가능해야 한다.

2단계: '나머지는 왜 답이 안 되는가?'를 연구한다.

이 과정이 굉장히 중요하다. 나머지 3개에 대해 반드시 알아야 한다. 그렇지 않으면 도루묵이며 시험에서의 적응력은 현저히 떨어지기 마련이다.

3단계: 문장 중에 나오는 연어(collocations) 표현들은 다음 시험의 예고다.

공부 좀 하신 분들은 문제만 푸는 것이 아니라 문장 중에 나오는 2~3단어씩 이어진 표현을 주목한다. 그것이 다음에 시험 나올 문제이기 때문이다. 따로 어휘 책을 보기 전에 파트5-6-7을 공부하면서 연어적 표현들을 세트로 외우도록 노력하자.

마지막으로 꼭 당부 하고 싶은 것이 있다. 그것은 작문과 스피킹에도 대비하자는 것이다. 어떻게 대비할까? 내가 만든 책에는 각 단원마다 나오는 배운 문법을 활용하는 영작 코너가 있다. 그렇게 배운 것을 바로 활용해서 연습하는 것은 상당히 재미있는 일이다.

하지만 나는 여러분이 좀 더 하길 바란다. 어느 책이나 뒤의 해설서를 보면 한글 해석이 나온다. 영어를 가리고 그 해석을 보면서 영어로 바꾸는 것이다. 그러기 위해서 영어식 표현대로 끊어 읽기가 된 책이 좋다.

바로 작문과 스피킹에 대비하기 위해서다. 우리말을 영어로 바꾸는 것을 하는 연습을 하는 것이 바로 작문과 스피킹이니까. 작게는 토익 문장을 꼼꼼히 보게 됨으로써 어휘+문법+문장구조를 한꺼번에 때려잡게 되는 것이고 크게는 살아 숨 쉬는, '글로 쓰고 말로 할 수 있는' 영어가 되는 것이다.

   이렇게까지 한 사람들은 정말로 영어를 잘하게 된다. 그러나 이 단계를 실제로 행하는 사람은 많지 않을 것이다. 그 많지 않은 사람만이 성공하게 되는 것이며 나에게 감사하게 될 것이다.

완벽주의를 버려라

　지나친 것은 모자람보다 못하다는 말은 항상 진리인 듯싶다. 이따금 학생들의 공부하는 모습을 보면 너무 한쪽으로만 치우치는 경향이 있어서 하는 말이다. 너무 문법만 매달린다든지 혹은 팝송으로만 영어가 정복된다고 믿고 팝송으로만 온힘을 쏟는다든지 여하튼 어느 쪽으로든 한쪽만 극단적으로 파는 것은 좋은 방법이 아니다.

　지나치게 한쪽에만 몰두하면 영어실력이 고르게 발달하지 못할 뿐 아니라 그 한쪽마저도 온전히 자라기 어렵다. 언어의 4대영역, 즉 읽기, 쓰기, 말하기, 듣기를 말하는데 이 4가지 영역은 개별적인 분야가 아니라 서로서로 보완적 관계에 있다. 따라서 학생들이 명심해야 할 것은 이 4가지 요소를 매일매일 꾸준히 해야 한다는 점이다. 결코 어느 한쪽을 완벽하게 끝내고 그다음 영역으로 넘어갈 성질의 것이 아니란 점이다.

내가 겪은 한 학생 중 문법을 아주 열심히 하는 학생이 있었다. 그 학생은 꼼꼼하게 한 문장 한 문장을 분석했고 조금이라도 자기가 알고 있는 문법과 다르면 그 문장 하나 때문에 하루를 보내곤 했다.

"선생님 be동사 뒤에 오는 절은 명사절이라고 하셨죠?"

"응. 그렇지. 명사보어이기 때문에 주어와 일치하는 성격이 있지. 형용사절은 보어가 되는 일은 없어. 부사절도 물론 보어가 되지 않고."

"그럼 이 문장은 왜 이렇죠?"

"어디 보자 The reason is because……. 아 because는 부사절인데 어떻게 보어가 되냐 이거구나?"

"네. 바로 그거예요. because는 부사절 맞잖아요. 그런데 왜 보어가 되는 거예요?"

"드문 일이니까 예외로 외우면 어떨까? The reason is because……. 이렇게."

"외워요? 전 그냥 막 외우는 건 싫은데요. 이유가 정확하지 않으면 외우기도 싫고 외워지지도 않아서요."

"이궁……. 그럼 설명해 줄게. 들어 봐. because가 명사절을 이끌기도 하는 거야. 물론 대부분의 경우는 부사절이야. 만약 내 말이 의심스럽다면 사전을 참고해 봐도 좋아. because는 명사절도 있어. 그래서 보어가 되는 거야."

"어? because가 명사절도 된다는 건 처음 듣는데……."

"그래 영어의 모든 것을 어떻게 다 알 수 있겠니? 사실 because가 부사절이 아닌 명사절로 사용되는 것은 극히 드문 일이야. 사실 The reason is because ……. 이 예문 말고는 쓸 일이 거의 없어. 그래서 처음에 내가 외우는 게 어떻겠냐고 말한 거야."

"아, 그렇군요. 그래도 이유를 알고 나니 이제 더 잘 외워질 것 같아요."

"그래? 그렇다면 다행이다. 그런데 쌤은 네가 약간 걱정된다."

"왜요?"

"물론 이유를 다 듣고 이해를 해야 하는 성격이 장점도 있긴 한데 너무 지나치면 공부에 방해가 되기도 해. 어떨 땐 그냥 털털하게 에이 그냥 외워 버리지 뭐. 이런 식의 접근도 나쁘진 않을 때도 있어. 물론 이유를 정확히 알아야 할 때도 있긴 해. 점점 공부하면서 이것을 내가 이해를 해야 하는지 외워 버려야 할지를 스스로 판단하는 힘이 생기긴 하겠지만."

"그런 판단이 아직은 스스로 안 돼요."

"그래. 아직 그런 판단력이 생기지 않았으니 고민하는 것이겠지. 사실 나도 다 그런 시절을 겪었으니 이제는 판단력이 생긴 거겠지. 너도 조만간 생길 거야. 힘내!"

이 학생뿐이 아니다. 너무 완벽함을 기하다 보니 오히려 빨리 지쳐 버리고 그래서 영어를 아예 포기하는 학생들도 꽤 된다. 그렇게 해서 포기하게 되느니 차라리 어느 정도 포기할 건 포기하고 자신의 능력에 맞게 학습을 수행해 나가는 게 차라리 더 좋다는 생각이다.

예를 들어 토익점수로 말하자면 900점 정도만 노리는 것이다. 물론 900점도 쉽지는 않다. 그러나 때로는 학생들이 모두 '만점'을 노리나? 싶을 정도로 문제 하나하나에 집착하곤 한다. 사실 90퍼센트의 문제는 단기간에 정복이 가능한 수준이지만 마지막 10퍼센트는 굉장히 오랜 기간이 걸려야 정복되는 부분이다. 기간으로 말하자면 900점을 받기 위해서 1년이 걸린다면 마지막으로 남은 만점까지의 90점은 10년이 걸려도 될까 말까하다.

난 오늘도 정규 토익을 보고 왔다. 시험 보면서 몇몇 문제에는 이런 생각이 들었다.

'아, 다행이다. 내가 이 표현을 그 언젠가 본 적이 있으니 맞출 수 있구나. 이걸 맞출 사람이 전국에 몇 명이나 될까?'

공부할 때 너무 이해가 가지 않는 부분은 그냥 담담해질 필요가 있다. 즉 그냥 외워 버리거나 아니면 아예 도저히 안 되는 부분은 그냥 넘어가 버리는 것이다. 차라리 그랬을 때 900점이 더 빨리 다가오는 것이다. 토익의 LC할 때도 그렇다. 꽤 점수가 되는 학생일수록 한문제만 놓쳐도 노심초사 고민 고민 하다가 결국 다음문제 그다음 문제 까지도 영향을 주게 되어 주르륵 틀리게 되는 경우가 있다. 차라리 그 문제를 포기했다면 그다음 문제들은 맞출 수 있었을 텐데 말이다.

중용(中庸)의 미덕은 공부에 있어서도 인생에 있어서도 늘 통하는 진리인가 보다.

영어로 꿈을 꾼다면 달인의 경지

　여러분은 영어로 꿈을 꾸어 봤는가? 흔히 영어로 꿈을 꾸는 정도가 되어야 영어공부가 좀 완성되어 가는 것이라는 말을 한다. 이것은 나의 경험에 비추어 봐도 사실이다. 정말 영어를 지독히 열심히 공부한 날이 여러 날 이어질 때 비로소 꿈에서 내 자신이 영어로 말을 하는 것을 느낀다. 그것도 비록 꿈이지만 굉장히 정확하고 유창하게 영어를 말한다.

　TV에서 어떤 연예인이 나와서 하는 얘기를 들었는데 그분은 이민 간 지 7년 만에 영어로 꿈을 꾸었다고 한다. 흔히들 가서 살면 영어실력이 쭉쭉 늘 것으로 생각하지만 실상은 그렇지도 않다. 영어 한마디도 못해도 살아갈 수는 있다. 아니라면 그 나라의 언어장애인은 모두 어떻게 살아가겠는가? 분명한 사실은 청각장애인도 시각장애인도 언어장애인도 모두 잘 살아가고 있다. 조금 불편할 뿐이다. 마찬가지다. 영어를 듣지 못해도 말하지 못해도 살수는 있다. 불편할 뿐이다.

그런 불편함을 하루라도 빨리 떨쳐버리기 위해서는 부단한 노력을 해야 한다. 그 노력 여부에 따라 1년 만에 영어로 꿈을 꾸기도 하고 그 분처럼 7년 만에도 꾸기도 한다. 모국어가 영어가 아닌 사람이 영어로 꿈을 꾸는 정도가 되려면 거의 강박증처럼 영어로 생각하고 영어로 말하고 영어로 된 글을 읽어야 한다. 영어가 모국어처럼 혹은 모국어에 근접해 갈수록 우리의 의식 무의식 속에 영어는 자리 잡게 된다.

우리는 어려서부터 실체적 존재를 영어로 인식을 직접 해 온 적이 없다. 늘 모국어인 우리말을 중간매개 삼아 영어를 공부해 왔다. 즉 어린아이에게 사과를 보여 주며 'apple, apple'이라고 수차례 말해 주고 따라 하게도 한 뒤에 결정적 실수를 저지른다. 그것은 바로 '사과'라고 우리말을 다시 한 번 말해 주는 것이다. 어른들의 이런 행동이 아이의 영어교육을 망치고 있다. 심지어는 apple의 철자까지 외우게 시킨다.

여러분은 우리말을 어떤 과정을 통해서 배웠는가? '사과'를 인식할 때 그 단어의 뜻이나 철자를 먼저 익혀야 그게 인식되었는가? 또는 그 빨갛고 먹음직스런 그놈을 볼 때마다 '사과'라는 우리말과 그 사물 그 사이에 어떤 다른 언어가 개입되어 '사과'란 말을 설명해 주었는가? 아니다. 우리는 '사과'라는 음가(音價)를 수도 없는 반복을 통해 기억하게 된다.

결국 빨갛고 먹음직스런 동그란 그것을 볼 때마다 '사과'라는 소리를 듣게 되고 흉내 냄으로써 비로소 그 단어는 우리의 기억 속에 남게 된다. 꿈에서도 '사과'는 '사과'일 뿐이다. 꿈이라고 '사과'를 '인삼'으로 꿈을 꾸는 사람은 없단 얘기다. 영어도 마찬가지다. 정말 영어를 잘하려면 가능한 한 우리말을 매개체로 삼지 말아야 한다. 영어를 영어로 인식해야 한다는 것이다. 그러기 위해서 영영사전을 봐야 하고 하루 종일 영어를 접할 시간을 의식적으로 가져야 한다고 이 책을 통해서 수차례 강조하고 있다.

자, 여러분은 영어로 꿈꿀 준비가 되었는가?

자신감 넘치는
영어면접
준비법

　지금까지 읽은 이 책의 내용이 다행히 마음에 와 닿으신 분들은 열심히 실천할 것이고 결과적으로 내세울 만한 떳떳한 공인 영어성적표를 손에 쥐게 될 것이다. 그런 분들은 일단 좋은 기업에 들어가기 위한 소위 기본 스펙은 마련해 둔 것이니 마음이 든든할 것이다. 물론 신입 직급의 갓 졸업한 학생들 뿐 아니라 더 나은 직장으로 이직을 꿈꾸시는 분들도 이런 기본 스펙은 꼭 필요한 요소다.

　하지만 공인 영어 성적표만으로는 불안한 것이 현실이다. 아직 넘어야 할 관문이 있다. 바로 영어면접이다. 우리말로 면접을 봐도 떨리고 무슨 말을 해야 할지 막막한데 영어로 면접을 본다니 더욱 주눅이 들 수밖에 없다.

　한번 자기 자신을 한글로라도 소개해 보자.

"저는 OOO입니다. XX대학교 OO학과를 졸업하였습니다."

뭐 이정도 말을 하고 나면 그다음 할 말이 별로 생각나지 않을 것이다. 하물며 모국어가 아닌 영어로는 더욱 말문이 막힌다.

그럼 영어면접은 어떻게 하란 말인가? 대부분의 기업체들에서 물어보는 것은 거의 정해져 있다. 가장 간단하면서도 꼭 물어보는 것이 자기소개다. 일단 자기소개를 영어로 잘 쓰자. 그러고는 싹 외우는 것이다. 이건 100퍼센트 출제되는 족보이니 꼭 달달달 외워 둬야 한다. 그래야 유창하게 물 흐르듯이 영어로 말이 나오게 되어 면접관에게 좋은 인상을 주게 된다.

이때 토익에 나오는 예문들은 훌륭한 자료가 된다.

"I am honored to be here(이곳에 있게 되어 영광입니다)."라든지 "It's my great pleasure to meet you(여러분을 만나게 되어 매우 기쁩니다)." 같은 표현은 처음 시작부에서 써먹기에 멋들어진 표현이다. 세부적으로 들어가자면 한이 없겠지만 예를 들어 자신의 전공을 소개할 때도 "My major is ~(내 전공은 ~.)" 같은 남들 다 하는 표현보다는 "I specialized in ~(나는 ~을 전공으로 했습니다)." 같은 표현이 더 세련되었다고 할 수 있다.

또한 1차 면접을 통과하고 나면 영어로 토론을 해야 하는 기업들도 상당히 많다(주로 우리가 꼭 가고 싶어 하는 대기업들이 이런 경우가 많다). 이때도 자주 쓰이는 표현을 알아 둬야 한다.

예를 들어 상대가 어떤 의견을 제시하였을 때 "I don't agree with you(난 너에게 동의하지 않아)." 같은 표현은 한판 붙자는 얘기나 다름없다. 이런 표현은 "You have a point, but I have another opinion(당신말도 일리가 있군요. 하지만 전 또 다른 의견이 있어요)."과 같이 바꾸어 쓰면 훨씬 세련된 말이 된다.

이런 식의 표현은 인터넷으로 조금만 조사해 봐도 줄줄이 나올 것이며 여러분이 가지고 있는 토익 책에도 영어면접이나 영어토론에 쓸 만한 멋진 표현들이 많이 나온다. 이런 표현을 그냥 해석만 하고 지나가지 말고 꼭 따로 기록을 해 두어야 한다. 아예 노트 한 권을 따로 만들어 이런 표현만 정리해 놓고 수시로 암기해야 한다.

이런 식으로 준비하면 좀 더 나아지는 것은 맞는데 한 가지 또 걱정스러운 것이 있다. 암기한 것은 자신의 말이 아니기 때문에 더듬거리거나 당황하는 일들이 종종 발생하기 마련이다. 따라서 이런 방법을 제안하고 싶다.

친구 2~3명과 취업 면접 스터디를 조직하라는 것이다. 한 명은 면접관이 되어 질문을 던지고 나머지 사람은 영어로 대답하는 것이다. 처음에는 쑥스럽겠지만 이게 잘 되어야 면접관 앞에서도 잘할 수 있을 것이다. 둘이 서로 의자를 반대로 붙여 놓고 서로의 얼굴을 보지 않고 연습하는 것도 좋다. 이것이 잘되면 마주보고 연습하며 서로의 장단점을 지적해 주어 발전된 방향으로 나아갈 수 있도록 서로 독려해야 한다.

그냥 막연히 영어공부해야지 하는 것과 이렇게 철저히 준비하고 외우고 연습하는 것 사이에는 하늘과 땅 만큼의 차이가 있다. 이런 요령을 읽고 배워도 실천하지 않는 사람이 98퍼센트다. 자 여러분은 성공하는 2퍼센트 안에 들것인가? 그저 그런 인생을 사는 98퍼센트가 될 것인가?

토익달인이 추천하는 인터넷 영어공부법

　아래 인터넷 사이트들은 무료로 공부할 수 있는 사이트들이며, 내가 직접 이용해 보았고 지금도 이용 중인 추천할 만한 사이트다. 잊지 말아야 할 것은 아래 사이트들만으로 영어를 완성 짓겠다는 생각이다. 나 같은 경우는 아래 사이트들을 즐겨찾기에 넣어 두고 심심할 때마다 열어 본다. 머리를 식히기에 좋다. 특히 음악 사이트는 이 책을 쓰면서도 하루 종일 틀어 두는 사이트다.

1. 팝송 사이트

　(http://www.qmfm.com)

　하루 종일 팝송이 나오는 사이트라도 너무 최신곡이라면 나 같은 서른을 넘긴 사람이라면 재미없다. 아는 노래가 안 나오면 재미없기 마련이다. 이 사이트는 딱 내가 좋아하는 노래들만 잘도 틀어 준다. 우측 하단부에 보면 현재 나오고 있는 노래의 가수 이름과 노래 제목도 나온다. 따라서 맘에 드는 노래가 있다면 적절한 경로를 통해 MP3 파일과 가사를 구해 해석도 해 보고 따라 부르기도 해 보자. 노래방에서 멋지게 한 곡 뽑을 날을 기다리면서 말이다. 어떤 일을 할 때 계속 이 사이트를 연결해 두면 지루하지 않게 작업할 수 있다. 중간 중간 광고나 DJ의 멘트도 나오니 틈틈이 영어공부도 할 수 있다. 물론 팝송을 통한 영어공부도 영어공부이다.

2. 영단어 게임 사이트

(http://www.vocabulary.co.il/)

너무 재미있어서 시간가는 줄 모르게 된다. 아주 쉬운 행 게임(hang game)부터 해 보길 바란다. 행 게임을 소개하자면, 귀여운 쥐 한마리가 나와서 철자를 하나 대면 고양이 앞에 치즈를 가지러 간다. 그 철자가 맞으면 치즈를 가져오고 여러 번 틀리면 점점 고양이가 눈을 뜨고 발톱을 세우며 다 틀리면 마지막에는 쥐의 꼬리를 꽉 짚는다. 이런 사이트는 엄마와 아이들이 같이 해도 좋을 것이다. 물론 이것보다 더 어려운 수준의 단어게임들도 많다.

3. 플레이하우스 디즈니

(http://www.playhousedisney.ca/mmch/)

아이들이 좋아할 듯싶은 게임과 노래 등으로 구성되어 있다. 그러나 공부에 지친 어른들도 눈을 반짝거리며 볼 수 있다. 재미있는 플래시

영상과 영어가 나오니 편안한 마음으로 보시면 되겠다. 어린 아이용이지만 못 알아듣는 말이 나오면 절대 창피해하지 말고 그냥 즐기자. 몇 번 보면 대충 이해가 갈 것이다. 움츠리면 계속 지는 거다. 앞으로 계속 진격!

4. 브레이킹 뉴스

(http://www.breakingnewsenglish.com/)

보통 3일 간격으로 새로운 소식이 업데이트된다. 뉴스인데 3일 간격이면 별로가 아닐까 생각하지만 공부하기에는 좋게 되어 있다. 대본을 인쇄할 수도 있고 MP3 파일도 지원되며 받아쓰기 연습을 할 수 있도록 빈칸 처리도 되어 있고 어휘 학습도 지원하는 등 무료 사이트치고는 꽤나 알차게 구성되어 있다. 그러나 초보자에게는 적합하지 않을 수도 있다. 탁 열어 보는 순간 영어만 나오니 그냥 닫게 된다. 중급 이상의 실력자들에게 추천한다.

5. VOA 뉴스

(http://www1.voanews.com/learningenglish)

역시 뉴스 사이트이며 무료 MP3 파일과 대본이 지원되니 중급 이상의 실력자라면 이용할 수 있다. 그냥 VOA사이트는 음성만 나와서(대본 없이) 아주 고급 실력자가 아닌 이상 이용하기 어려우나 이 사이트는 대본이 있으니 비교적 이용하기 쉬운 편이다. 우리가 잘 아는 CNN, ABC 등은 영어 초보자에게는 너무 거리감 있는 사이트라 언급하지 않기로 한다.

6. 토익 무료 동영상 사이트

(www.JSL365.com)

아마도 이 책을 선택하신 분들은 내가 직접 하는 무료동영상 사이트(정상어학원 홈페이지)를 많이 알고 있겠지만 그래도 한 번 강조하고 싶다. 책은 수십만 권이 팔렸는데 무료 동영상을 듣는 사람은 수만 명 수준이다. 책 판매 부수에 비해 약 10퍼센트 정도만 무료 동영상을 수강하는 것 같다. 이 10퍼센트의 사람들은 책보다도 무료 동영상에 푹 빠지게 된다. 아무래도 지면보다는 화면을 보면서 공부하는 게 더욱 이해가 쉬울 테니까. 동영상 강의를 들어 보면 훨씬 영어를 잘하게 되고 재미있어하게 될 것이라고 장담한다. 여러분들은 꼭 내 무료 동영상을 활용해서 편하고 재미있게 영어를 공부하길 바란다.

영어 콤플렉스를 극복하자

강의를 하면서 가장 보람 있는 경우는 어떤 때일까? 물론 토익강사이니 나의 수업을 받은 학생이 성적이 쑥 올라갔을 때가 1순위인 것은 두말할 나위 없다. 낮은 점수에서 단기간 내에 고득점이 된 학생들의 죽어라 안 오르던 점수가 내 책이나 내 수업을 듣고 드디어 올랐다는 이런 학생들을 만날 때마다 내가 하고 있는 일에 대한 보람을 느낀다.

또 다른 경우는 요새처럼 취직이 어려운 시기에 큰 회사건 작은 회사건 취업에 성공하는 제자들을 보면 뿌듯하다. 더구나 이런 학생들이 작은 선물까지 들고 나를 찾아와 주면 비록 학원 강사이지만 학교 선생님 못지않은 자긍심과 용기가 솟구쳐 오른다.

이런 경우들도 나에게 참 보람된 순간임에 틀림없는데 이 모든 경우보다 더욱 듣기 좋은 말이 있다. 그것은 바로 영어를 지독히 싫어하고 포기했던 학생들의 이야기다. 영어라면 진저리를 치고 콤플렉스에 시달리던 학생들의 고백이다. 이 친구들이 나와 함께 공부하면서 그런 콤플렉스를 완전히 극복했다고 얘기를 해 줄 때면 다른 어떤 경우보다도 더욱 행복하다.

그 학생들의 성적이 올라가고 안 올라가고는 다음 문제다. 완전히 영어를 포기하려고 했던 학생들이 나를 만나면서 이제는 영어공부가 얼마나 재미있는지를 알게 되었다는 것이 중요하다고 생각한다. 사실 재미를 붙이는 것만큼 중요한 것은 없다. 재미있다고 느끼면 그다음은 혼자 할 수 있는 힘이 생기는 것이니까.

영어뿐 아니라 모든 학문은 스스로 공부를 할 수 있다. 다만 재미가 없으면 조금 하다 포기하게 되는 게 영어를 비롯한 공부의 속성이다. 나는 이 학생들이 재미를 느꼈다는 게 너무너무 신기하고 뿌듯하다. 어떻게 보면 의사가 죽어 가는 생명을 살려 냈을 때 느끼는 심정과 같다고 볼 수 있다. 지식적으로 죽어 가는 생명을 되살려 낸 것이니 스스로 느끼는 만족감이 더한 것이다.

영어 콤플렉스를 극복하기 위한 구체적 실천방안은 너무 많다. 어쩌면 지금껏 이 책에서 한 얘기들이 다 그런 실천방안일 것이다. 하지만 이 장에서 내가 꼭 짚고 싶은 것이 있다. 그것은 바로 자기 암시다. 영어를 공부하기 위해서 책을 펴거나 도서관에 가면서 도살장에 끌려가는 소 같은 표정을 지어서야 영어가 잘 될 리가 없지 않은가? 처음엔 정말 싫더라도 일부러라도 몇 번 얘기를 하고 시작하는 게 좋다.

"나는 영어가 재밌어."

"영어는 정말 신기하고 멋있는 언어야."

"영어를 열심히 배우면 나는 XX도 할 수 있고 OO도 될 수 있어."
"난 영어를 잘하게 된다."

이런 자기 암시가 정말 중요하다. 이런 얘기를 매번 공부할때마다 마음속으로 되뇌고 입으로 중얼거리는 거다. 쑥스럽겠지만 친구들에게도 이런 얘기들을 틈틈이 얘기해 둬라. 친구들이 어떻게 반응을 보이고는 중요하지 않다(그래도 기왕이면 여러분의 친구들이 여러분을 격려해 주고 동참해 주면 좋겠다). 여러분에게 중요한 것은 그런 말을 자꾸 반복하는 가운데 우주의 에너지가 여러분을 영어 콤플렉스를 탈출할 수 있도록 집중하여 도와준다는 사실이다.

이때 중요한 것은 부정적으로 표현하면 안 된다. 예를 들어 같은 암시라도 '난 영어를 안 하면 입사를 못해.'라는 식의 자기 암시는 좋지 못하다. '안 하면', '못해'라는 말을 듣는 순간 우주의 에너지는 부정적인 힘을 발휘하기 시작한다. 따라서 그런 말은 생각도 하지 말자. 늘 좋은 생각만 하자.

앞에서 『시크릿』에 대해서 말했듯이 나는 그 책을 읽을 때 완전히 몰입했었다. 자기암시를 담은 책들을 좋아하고 지금까지 늘 그런 긍정적인 힘을 강조하는 책들을 읽으면서 실천해 왔다. 수시로 주위 사람들에게 긍정적 암시가 가져다주는 엄청난 효과를 강조하곤 한다. 이 책을 읽는 여러분과도 긍정의 에너지를 함께 나누고 싶다. 정말 내가 영어를 잘하게 되고 여러분 앞에 이런 책을 내놓을 수 있는 것도 어려서부터 내가 늘 가져왔던 긍정적 자기암시의 선물이니까!

토익 고득점 후기:
3개월 만에 500점에서 975점으로

유연석 학생의 후기

안녕하세요.

보시는 것처럼 첫 시험에서 꿈의 점수가 나왔어요. (7월 학원 모의토익 500점 정도에서 10월 정기토익 975점!) 약 3개월 동안 피나는 노력 끝에 얻은 결과고요. 앞으로 더 열심히 더 많은 공부를 하라는 의미인 거 같아요.

이 글은 토익공부를 하시는 학생분들에게 조금이나마 도움을 주고자 함이에요. 제 소개를 잠깐 하자면요 나이는 스물세 살. 학교는 휴학한 상태고 7월 방학부터 정상 어학원에 다니기 시작했고요. 음……. 제가 중고등학교 때 영어를 아주 잘했던 건 아니었지만 그렇다고 아주 못 따라갔던 실력은 아니었어요.

이런 상태에서 제가 7월에 들은 강의가 정상 선생님 LC강의와 중급 RC강의 입니다. 처음 며칠간은 솔직히 말해서 너무 쉬웠어요. 주어, 동사, 명사 나오고 거의 짧은 문장들……. 이걸 접하고 사실 토익이 별거 아니구나라는 착각을 했었죠. 한 2~3주정도 들었을 때도 약간 암기해야 할 부분이 있었긴 했지만 부담 없이 소화할 정도여서 약간 놀면서 공부를 했어요.

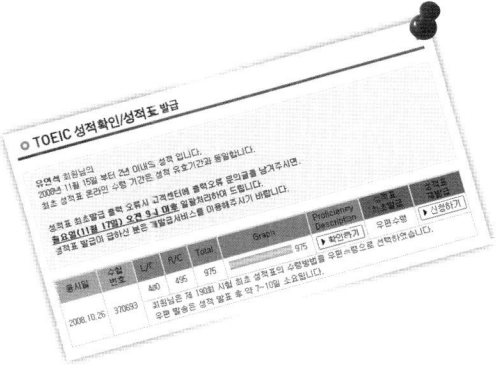

이쯤에서 첫 모의토익을 학원에서 보게 되었어요. 결과는……. 초약이었죠. LC는 거의 들리지도 않았고 RC는 시간이 부족해서 독해 문제 15개 정도를 못 풀었어요. 점수를 보니 약 500점 정도 되더군요(그 이하일 수도 있음. 시간을 넘겨서 푼 문제도 있었으니). 그날 깊이 반성했어요. 너무 쉽게 생각하고 공부를 안 했구나. 반성을 하고 바로 계획을 세웠죠.

방학인 데다가 저는 학교를 휴학한 상태였기 때문에 하루 종일 토익공부에 투자하기로 했어요. 이렇게 계획을 세우고 선생님 수업은 하루도 빠짐없이 듣고 철저하게 복습을 했어요. 선생님이 말씀하시는 농담까지 외웠죠. 굳이 외우려 했다기보다는 선생님의 모든 말에 집중해서 들었어요.

이런 식으로 7, 8월을 보냈는데 8월 말쯤 고비가 왔어요. 장시간 동안 혼자서 공부하기에는 너무 벅차고 힘들다는 걸 느꼈죠. 그래서 9월부터 스터디를 했어요.

그런데 스터디도 운이 좋게 사람들이 다들 열정적이고 서로 시간도 맞고 너무나도 완벽히 들어맞았죠. 7, 8월에 이은 9, 10월은 스터디를 하면서 정상 선생님 실전RC 강의를 들었어요. 역시 이 기간에도 수업도 한 번도 안 빠지고 스터디도 빠짐없이 나갔고요. 참고로 9, 10월 저의 일과를 한번 적어 보자면요.

- 오후 12시 기상

- 12시~1시 세면/식사
- 1시~3시 집에서 공부
- 3시~4시 학원갈 준비 및 이동
- 4시~6시 스터디
- 6시~7시 LC 강의
- 7시~8시 저녁식사
- 8시~9시 실전 강의
- 9시~10시 귀가
- 10시~10시 30분 휴식
- 10시 30분~ 다음날 6시까지 공부.

생활패턴이 약간 이상하지만 규칙적이었고요. 될 수 있는 대로 영어에 노출을 많이 했습니다.

저는 이렇게 매일하니깐 약 3개월 됐을 때쯤에는 꿈속에서 정상 선생님이 나왔고요(선생님 댁에 놀러가서 맛있는 거 얻어먹었음. 하지만 실제로 선생님 댁은 가 본 적 없음-_-;;).

약 4개월이 됐을 쯤엔 꿈속에서 파트5~6 영어문장을 분석하고 있었습니다(깨어나면 마치 공부를 한 것 같은 느낌..--;;;).

여기까지 중요한 점이 3가지 정도 있는데 혹시 찾으신 분 있나요?

바로 이거예요.

첫째는 선생님, 둘째는 목표, 셋째는 노력(순서는 중요도와 무관).

저는 이걸 조화롭게 잘 조합하면 누구든지 성공할 수 있다고 생각해요.

"아, 이런 건 누구든지 다 알아요."

> 이런 말이 나올 수가 있는데요 실천할 사람은 드물다고 봐요. 여러분은 꼭 실천하셔서 원하시는 실력을 꼭 이루세요!

　토익강사로서 참 많은 학생들을 만난다. 그중에는 정말 성적이 안 올라서 고민하는 친구들도 있고 때로는 몇 달 만에 급격한 점수의 향상으로 친구들의 부러움도 사고 나의 자랑거리가 되는 학생들도 있다. 그중 유달리 기억에 남는 친구가 있다. 앞의 유연석 학생이다. 그는 500점대에서 시작해서 불과 3개월 만에 975점까지 올린 정말 경이로운 점수의 향상자다. 솔직히 내가 500점에서 출발했다면 3개월 만에 그렇게 올릴 자신이 없다.

　암튼 이 학생 얘기로 되돌아가 보자면 이 학생은 하루 14시간씩 3개월을 공부했다고 했다. 여러분은 이렇게까지 시간을 낼 수 있을까? 이런저런 할 일이 많아서 이런 시간을 낼 수 있는 형편들이 안 될 것이다. 그래서 급격한 점수의 향상은 이루어질 수 없는 것이다. 그럼 하루 7시간 낼 수 있다면 6개월이면 되는 것일까? 아니다. 더 오래 걸린다. 1년쯤 잡아야겠다. 3시간씩 투자한다면 1년이 아니라 2년은 생각해야겠다. 내가 말하는 것은 토익의 점수 향상만 말하는 게 아니라 이 학생의 수준에 도달하는 데 걸리는 시간을 말하는 것이다. 누구나 짧은 시간에 고득점을 바란다. 그렇다면 이 학생처럼 해야 한다. 집중적인 투자가 단시간에 고득점을 보장해 준다. 당연한 얘기지만 투입되는 시간 동안에 정신집중은 기본이다.

　이 학생은 특이하게도 LC의 모든 예문을 통으로 암기했다고 내게 고백했다.

"정말이야? 에이……. 그걸 어떻게 다 외워……. 한글로 외워도 힘들겠다."

"진짜예요 테스트해 보시려면 해 보세요."

"어쭈 자신 있나 본데 좋다 웬만큼이라도 외웠다면 내가 밥 살게. 어디 보자. 교재 16과에 나오는 건데 대니 왕의 전화녹음 메시지. 해 봐!"

"Hello. This is Danny Wang at Miracle Innovation. I'm at a conference on consumer electronics in Portland and I'll be out of the town until Thursday January 26th……."

"와. 너 진짜구나 대단한데. 하나 더 해 볼까?"

몇 번을 더 해 봐도 마찬가지였다. 꽤나 긴 글들이나 짧은 글들이나 그에게는 조금의 망설임도 없었다. 책의 내용을 마치 앞에 두고 읽고 있는 듯해 보였다. 천재인가? 하지만 하루 14시간을 온전하게 집중하여서 가능했다는 그에게는 천재성보다는 노력에 노력을 기울인 장인 정신이 엿보였다. 그 학생은 실제로 책의 예문들을 모두 암기했고 불과 3개월 만에 토익 975점을 달성했을 뿐 아니라 내가 있는 학원의 원어민 회화반에서도 놀랄 정도의 실력 향상을 보였다. 원어민 선생님도 칭찬을 아끼지 않았다. 그는 지금 국제기구의 인턴으로 파견되어 미국에 가 있다. 불과 몇 개월 전만해도 전혀 불가능했을 일들이다.

"에이. 그거 뭐 대충 점수 올리기 요령으로 급하게 만들어진 점수지 정말 영어실력이 쌓였겠어? 토익 점수만 높고 말 한마디 못하는 엉터리들 많다더라."

이렇게 말하는 사람들은 이 학생의 공부법을 읽어 보면 결코 그런 소리 할 수 없을 것이다. 남들이 이룬 것을 하찮게 보지 말고 배울 점을 찾아보자. 남이 고생해서 이룬 것은 다 별것 아닌가? 직접 해 보시라. 975점이 대충 답만 외워서 나오는 점수인가? 원어민도 900점을 받기 힘들다. 역으로 말하자면 원어민은 회화는 하지만 정확한 표현은 모른다는 것이다. 정확한 표현은 알고 말을 좀 못하는 것이나 말을 잘하고 정확한 표현을 좀 모르는 것이나 둘 다 부족하기는 마찬가지다. 양측 모두 부족한 부분을 메우기 위해서 노력하면 되는 것이지 어느 한쪽이 꼭 못났다고 비난할 일은 아닌 것이다.

자, 그런 소모적이고 비생산적인 논쟁은 접자. 이 학생처럼 토익 점수를 올리면서 작문과 스피킹까지 한꺼번에 공략할 길이 얼마든지 있음을 이 책의 곳곳에서 여러분은 이미 익혔다.

열심히 공부를 한 후에 해설지에 한글해석을 영어로 바꾸어 본다거나 그렇게 바꾼 것을 써보고 손으로 가린 후에 다시 말로 해 보는, 이런 과정들을 통해 그리고 부단한 노력을 통해 말하기, 듣기, 쓰기, 읽기의 소위 언어의 4대 영역이 골고루 발달하는 것이다.

틀림없이 가능하다. 바로 내가 그 산 증인이며 위에 소개한 이 학생 역시 좋은 증표다. 못 믿고 실천 안 하는 사람들은 계속 영어에 질질 끌려 다니게 될 것이다. 믿어라. 믿고 실천하자.

유연석 학생의 3개월만에 500점 올린 비법

제가 이제부터 간략하게나마 저의 파트별 학습방법을 적어 볼게요. 이 글을 보시는 분들 모두 참고하시되 본인 스타일에 맞게 가감하여 행하시면 도겠습니다.

1. RC 공략법
* 파트5~6

초급단계부터 설명 드릴게요. 아마 초급단계에는 많은 분들이 정상 선생님의 강의를 들으실 듯한데요. 초급강의든 중급강의든 선생님의 말대로 믿고 따라가시면 됩니다.

대신 여기서 복습을 철저히 해야 합니다. 저 같은 경우 선생님 강의를 집중해서 듣고 집에서 복습을 철저히 했습니다. 예습은 따로 안 했고요. 예습이라고 치면 선생님 강의 시간에 설명하시는 문제풀이 부분은 꼭 먼저 풀어 보고 점검한 후에 강의를 들었습니다. 이 점이 조금 중요한데요. 먼저 풀어 보고 강의를 들어야지 그렇지 않으면 자신의 취약점이라든가 판단력을 제대로 기를 수가 없습니다.

다시 복습을 자세하게 이야기하자면 그날 배운 강의는 『시나공 리딩』을 보면서 꼼꼼히 정독합니다. 이때 모르는 부분은 체크를 해 두고 꼭 선생님께 질문을 하고 자기 것으로 만들어야 합니다.

이렇게 한 과를 공부했다면 책을 덮고 연습장을 펴고 자기 자신에게 그 단원에 대해 설명을 해 봅니다. 이때 정확히 생각이 나지 않는다면 그 단원의 공부는 다시 해야 합니다. 실제로 저에게 『시나공 리딩』 책을 가지고 강의를 하라고 하면 어느 정도 선생님 흉내를 낼 수 있습니다.

이렇게 두 달간 하루도 빠짐없이 복습하고 자기에게 설명하고 이걸 반복해서 끝내신다면 토익에서 필요한 문법은 마치신 겁니다. 저는 시나공 리딩을 약 3번 정도 본 거 같고요. 제 개인적인 생각으로 최소한이 3번인 것 같고 그 이상으로 계속 반복해서 읽어야 할 것 같네요.

그리고 초급단계에서 중요한 과정이 있는데요. 바로 단어입니다. 단어를 안 외우거나 그냥 대충 보고 넘기는 사람들이 많이 있을 거라 생각합니다. 『시나공 리딩』에 나오는 단어는 아까 말씀드렸듯이 선생님이 선별해서 만든 문제라서 다 중요한 어휘들입니다. 꼭 챙겨 가세요. 모르는 단어는 그날그날 암기를 하셔야 합니다. 더불어 선생님께서 정리해 놓은 기출어휘도 모조리 암기하셔야 하구요. 한 가지 더 팁을 드리자면 영어단어 하나만 놓고 암기하지 마시고 문장을 같이 혹은 두세 단어 이상 묶어서 암기하셔야 합니다.

여기까지가 초중급인데요. 모든 강의와 이런 과정을 다 마치시면 실전에 들어가셔야 해요. 실전에 들어가기에 앞서 자신의 실력을 평가해 보는 것도 좋아요. 모의고사를 통해서 말이죠.

허나 점수가 아주 잘나오지는 않을 거예요. 저는 중급과정을 마친 당시 모든 걸 다 알았다고 생각했지만 역시 또 좌절을 겪었어요. 아직 토익에서 필요한 어휘와 문제들에 적응이 덜 된 거죠. 하지만 포기하면 안 됩니다.

이제 실전서를 찾으셔야 하는데 저 같은 경우 『시나공 실전 시즌1』, 『시나공 실전시즌2』, 『해커스토익 실전리딩』, 이렇게 세 개만 구입했습니다. 여기서 제가 RC만점을 맞는데 철저히 선생님이 쓰신 책만 봤다고 자신 있게 말할 수 있어요. 『해커스 실전』을 사긴 했지만 거의 안 푼 상태였으니까요.

이제 실전 공부 방법을 설명해 드릴게요.
첫째로 20분이란 시간을 꼭 지키면서 푸셔야 해요. 처음에는 약간 벅차고 앞으로 20분 안에 푸는 게 불가능할 것 같고 막 이런 느낌이 듭니다. 하지만 계속 적응력을 키우다 보면 15분 만에도 푸는 경우가 생겨요. 물론 전체적인 해석까지 하면서 말이죠. 고수들은 앞뒤만 보고 푸는 게 아니라 정답을 넣어 보고 해석까지 해서 확인사살을 합니다. 한마디로 전체적인 문장을 보는 거죠. 이렇게 한 회를 시간 맞춰서 풀고 나면 복습을 해야 합니다. 그런데 여기서 틀린 거만 하는 게 아니라 맞은 것도 복습을 하야 합니다. 전체를 다 말이죠.
문장분석도 하고 모르는 단어와 보기들을 모두 체크하셔야 해요.
답을 맞혔더라도 다른 보기들은 왜 안 되는지 그리고 보기도 넣어 보아서 말이 될 거 같은지 안 될 거 같은지, 우리말로 말이 될 거 같은데 답이 아니라면 왜 안 되는지까지.
이렇게 1회를 공부하면 약 1시간~2시간 정도 걸립니다. 너무 많은 문제를 풀려고 하는 것보다 한 문제를 정확하게 꼼꼼히 파악하고 넘어가는 게 중요합니다. 알고 있던 문제들도 또 틀릴 수 있는 법이고 더욱이 한번 틀렸던 문제는 또 보면 또 틀리게 되어 있습니다. 저는 이렇게 하루에 2회분씩 매일 했고요 시나공 시즌 2는 약 6번 정도 봤고, 시나공 시즌 1은 약 4번 정도 봤어요. 여기에 더불어 선생님의 실전 교재도 항상 두 번씩 복습해서 봤고요.
다시 한 번 말하지만 반복이 중요합니다.
그리고 실제로 중수와 고수는 큰 차이가 없다고 생각해요. 종이 한 장 차이죠. 틀리는 문제들을 다시 보면 어휘 문제만 빼고 다들 알고 있는 문법 문제들 일 거라 생각이 됩니다.
얼마나 정확성을 길러 실수를 줄이냐가 큰 관건일 수 있습니다. 그러기 위해서는 꼼꼼함이 중요하죠.

* **파트7**

그럼 파트7을 설명해 볼게요. 파트7은 사실 별로 설명할 게 없는데요. 『시나공 리딩』에 있는 독해문제집 있죠? 일단 그걸 하루에 한 과씩 공부하세요. 대충 어떤 유형이 있는지 파악을 해야 합니다. 그리고 그 유형을 풀 때 어떻게 접근해야 할지 파악하는 거죠.
그다음에는 실전서를 보셔야 해요. 독해만 따로 있는. 저는 시나공 파트7 실전 (7회분)과 허커스토익 실전서(파트5-6-7 총7회분) 이렇게 두 권만 봤어요. "아~ 너무 적게 보는 것 아니냐!" 이런 말이 나올 수 있는데요. 천만에요. 이 지문들을 완벽하게 이해하고 줄줄 해석이 되려면 최소 5번은 봐야 합니다.
아차, 많은 분들이 궁금해 할 것 같은 거 하나만 더 적어 볼게요. 독해 지문 중에 문제가 5개짜리를 어떻게 풀어야 하나. 이런 궁금증을 가지고 계신 분들 저도 처음에 궁금했던 부분인데요.
이건 정상 선생님께 배운 방법이에요. 처음 초보단계에서는 2문제를 읽고 2문제를 다 푼 다음에 다시 두 문제를 읽고 풀고 이런 식으로 5문제를 풉니다. 헌

데 이런 연습을 꾸준히 하고 파트3~4문제 공부를 열심히 하시면 나중에는 5문제의 키워드가 생각이 나요. 그렇게 되면 5문제를 다 읽고 그걸 기억하면서 독해를 해도 괜찮은 거죠.

여기까지가 RC의 대략적인 공부 방법이에요. 공부 방법을 적어 본 댔는데 별 거 없죠. --?

2. LC 공략법
* 파트1
파트1은 사람들이 많이 무시하는 경향이 있는데요. 사실은 이게 기초부터 탄탄하게 준비되어하는 부분입니다. 간단해요. 파트1은 리스닝 스킬보다 어휘가 중요한 거 같아요. 파트1에서 나오는 어휘가 한정적이어서 이런 현상이 나타나거든요(다른 부분도 다 마찬가지이지만).
일단 초급단계에서는 기본서에 나오는 어휘를 확실히 암기하시는 게 정말 도움이 될 거예요. 어휘를 잡으실 때는 딕테이션을 같이 병행하세요. 받아쓰기죠. 매일 분량을 정하셔서 받아쓰기 하시면 돼요.
여기까지가 파트1의 초급단계이구요.
다음 단계는 그림 분석을 하는 겁니다. 문제가 들리기 전에 그림을 파악하는 거예요. 조금 숙달이 되면 그 그림에서 물어 볼 것 같은 문장이 떠오르기도 해요. 많은 문법이 필요치 않아요. 적당한 어휘수준을 유지하시면서 문제의 패턴을 몸에 익히시면 될 것 같아요.

* 파트2
파트2가 가장 어려워요. 단어 하나 놓치면 끝장나죠. 그리고 30문제를 연달아서 집중하기란 쉽지 않죠.(저는 입술을 깨물거나 허벅지를 꼬집으며 집중).
파트2는 일단 기본서에 나온 팁이나 설명 부분은 반드시 숙지하고 있어야 해요. 제일 요령이 많이 통하는 부분이거든요. 파트2도 처음에는 딕테이션을 하시는 게 좋습니다.
여기까지가 파트2의 초급단계입니다. 이걸 다 하시면 그다음은 실전서를 풀어야 하는데요. 여기서는 파트2 1회를 풀고 틀린 문제는 암기를 해야 합니다. 암기시 주의사항은 어려운 것과 틀린 부분만 암기를 하시고요. 저 같은 경우엔 하루에 6문장 정도씩 암기합니다.

* 파트3~4
파트3~4는 학습유형이 비슷해서 묶었습니다.
여기선 딕테이션을 하지 마세요. 물론 하면 좋지만 그걸 하다간 하루 종일 이것만 붙잡게 되므로 초급단계에서는 섀도잉(shadowing)을 하세요. 그냥 한 지문을 반복해서 들으시면서 섀도잉하는 거예요. 원어민과 똑같은 속도가 될 때까지.
그다음은 문제유형 파악입니다. 왜냐하면 파트3~4는 지문이 나오기 전에 문제를 다 읽고 예측을 해야 합니다. 이래서 문제도 공부하셔야 해요.
이런 과정을 거치면서 기본서를 마치시면 그다음은 역시 암기예요.^^
저는 하루어 2개씩 암기를 했어요. 파트3~4 각각. 지금도 하고 있죠. 아무튼 사람들이 암기를 싫어하는데, 그래도 암기해야 하는 이유를 설명할게요. 일단 듣기 지문을 눈으로 보게 되면 해석이 잘되는데 듣기로 들으면 전혀 안 들리는 현상을 겪게 됩니다. 이게 바로 반응속도예요. 귀로 듣고 그걸 머리에서 해석을 해야 하는데 반응속도가 딸려서 문장을 계속 놓치는 거죠. 암기를 하면 이런 반응속도를 기를 수 있어요.
한마디만 더 할게요. 아무리 토익 900점 심지어 990점 만점이 나왔다 하더라도 저는 이게 정상에 선 게 아닌 정상으로 가는 영어의 출발선상에 비로소 선 거라 생각해요(선생님도 항상 노력하시잖아요). 그러니깐 다들 출발선상에 도달해서 진짜 정상으로 갈 수 있도록 다 같이 노력하자고요! 다들 정상에서 만나요!! 파이팅!

국내 최단기 최다 토익만점의 비밀

　나는 그동안 여러 매체에 출연했다. 유수 일간지, 토크쇼, 뉴스, 〈퀴즈 대한민국〉 등. 출연을 정중히 거절한 오락프로그램들까지 하면 토익 강사치고는 꽤나 자주 언론의 관심을 받았다. 어떤 매체를 가든 늘 공통적으로 받는 질문이 있는데, 바로 '최단기 최다 토익만점'의 비밀을 알려 달라는 것이었다. 그런데 나를 인터뷰하는 기자들의 공통된 눈빛이 있다. 뭐 이런 대답을 해 주면 좋겠다는 눈빛들이다.
　"보름달이 뜨는 밤, 풀잎에 맺힌 이슬 990방울을 먹으면 토익 990점 만점이 나와요."
　학생들의 기대감도 이와 크게 다르지 않다. 정말 만점이 되는 방법을 말해 주면 그런 게 아니라는 표정이다. 나도 뭔가 획기적으로 눈이 번쩍 뜨일 만한 방법을 말해 주면 좋겠다. 그러나 오히려 700점, 900점을 만들기 위한 획기적인 방법은 있을지언정 990만점을 받기 위한 비법은 없다.

이것은 마치 수능 만점자에게 만점의 비결을 물었을 때 한결같이 나오는 대답과 같다.

"교과서 위주로 공부했고 수업시간에 집중한 게 비결이었습니다."

많은 사람들은 대답에 콧방귀를 뀐다. 엄청난 비법을 숨겨 놓고 공개하지 않는다고 생각하는 것 같다. 그러나 수능 만점 받은 학생이 뭐 하러 그 비밀을 감출까? 이제 대학입시 경쟁에서 벗어났는데 말이다. 나 역시 마찬가지다. 학생들이 내 수업을 듣고 만점을 받으면 강연히 나로서는 기쁜 일이다. 비밀을 감출 이유가 없다.

만점은 정말 어려운 일이다. 나도 이 글을 쓰고 있는 시점에서 6년간 시험을 봐서 46번을 만점 받았지만 매번 시험마다 가슴을 졸이며 시험을 본다. 솔직한 얘기로 980점이나 985점은 받아도 만점은 못 받는 토익강사들도 많다.

토익 500점까지는 1~2개월이면 된다. 700점까지는 4개월 정도 소요된다. 800점까지는 6개월 이상, 900점 이상이 되려면 1년 이상 열심히 해야 한다. 900점부터는 5점, 5점이 피를 말리는 일이 된다. 아주 조금씩 올라가거나 내려가기 일쑤기 때문이다. 특히 마지막 고지인 980점부터는 그 마지막 5점이나 10점이 결코 쉽게 달성되지 않는다. 1년 내내 시험을 봐도 985점까지만 허락하는 것이 이 시험이다.

내가 990점 만점을 받기 위해 따로 노력한 것은 없다. 중학교 때부터 열심히 해 온 공부 덕분에 이런 성과를 얻었을 뿐이다. 중학교 때부터 노트 정리를 기술을 익히고, 고등학교 때는 친구들을 가르치고, 대학교 때는 영어동아리에서 성실하게 공부했고, 군대에서는 열악한 환경을 극복하는 열정이 있었을 뿐이다.

    십 수 년의 공부가 누적되어 실력으로 나타난 것이다. 나는 첫 토익 시험에서 955점을 받았고 그다음 달에는 985점을 받았다. 첫 시험 때는 따로 토익을 준비한 것도 아니었다. 따로 만점 비결이 있는 것이 아니다. 묵묵히 한 발 한 발 내딛어 온 삶이 보상을 해 준 것이다.

    여러분도 '풀잎에 맺힌 990방울의 이슬' 얘기가 안 나와서 실망했는가? 하지만 평생 이슬을 찾아다닐 수는 없는 일이다. 한 방을 노리며 계속 헛스윙하지 말자. 꾸준히 1루에 진루하는 파워도 녹녹치 않은 내공인 것이다. 다시 한 번 강조하건대 여우가 되려 하지 말자. 묵묵히 제 갈 길을 가는 소가 되자.

영어의 달인이 되면
달라지는 것들

 이제 이 책의 거의 끝부분이 가까워지고 있다. 이제 여러분은 어떤 생각의 변화를 가지게 되었는지 정말로 궁금하다. 바라건대 책에 나오는 여러 가지 내용 중 모두는 아닐 지라도 몇 가지만이라도 자신의 맘에 와 닿는 것들을 진실한 마음으로 실천하는 여러분이 되길 바란다.

 아시겠지만 우리나라에서 영어를 잘 함으로서 얻게 되는 이점은 실로 상상이상이다. 좋은 대학교를 가고 원하는 회사에 간다는 그런 얘기는 다 빼겠다. 여러분들도 충분히 인지하고 있고 바로 그런 이유 때문에 열심히 하려고 노력하는 걸 테니까.

 나는 다른 얘기를 하고 싶다. 한마디로 영어는 나에게 자유의 날개이다. 내가 영어를 못했다면 아마도 그저 그렇고 그런 회사를 다니면서 언제 그만두라는 말을 들을지 몰라 전전긍긍하지 않았을까? 다행히 나는 중학교 때부터 꿈꿔 왔던 영어강사를 할 수 있게 되었다. 당연히 영어가 나에게 준 날개다. 나는 이 날개를 가지고 자유를 가지게 되었다. 원하는 일을 할 수 있으니 이보다 더 행복할 수가 없다. 또 한 가지 고 있는 지식을 더 많은 사람들에게 나누어 주고 그 사람들에게도 한 명 한 명 자유의 날개를 달아주는 일을 하고 있으니 정말 보람된 삶을 살고 있다.

난 영어강사가 꿈이 아닌데? 직접적으로 영어를 쓰는 직업이 아닌데? 그건 아직 사회진출을 해 보지 않은 아직 학교 울타리 안에 있는 분들의 귀여운 투정이라고 생각한다. 사회 진출이 가까워질수록 그리고 사회에 나가 보면 영어를 못할 경우 얻게 되는 불이익은 단순 상상 이상이라는 점을 꼭 말씀드리고 싶다. 단순히 대학 나오고 회사 들어가면 끝나는 게 아니다. 경제활동을 영위하는 동안은 계속 따라 다닌다는 점은 명백한 사실이다.

하자. 영어를 하자. 그것도 아주 잘하자! 영어의 달인이 되자! 여러분이 할 수 있는 일들이 달라진다. 여러분이 받는 혜택이 달라진다. 그저 누가 나를 써주기를 바라는 그런 입장이 아니라 여러분이 맘에 드는 곳을 골라 옮겨 다니며 몸값대우 확실하게 받을 수 있는 그런 분이 될 것이다.

그 어떤 노력보다 자신을 확실하게 빛내줄수 있는 것! 그것은 영어이다. 영어의 달인이 되고 나면 그다음에 다른 일들도 할 수 있는 여유가 생기게 된다. 영어를 마무리 짓지 않으면 계속 영어 때문에 질질 끌려 다니게 된다. 내가 하고 싶은 일을 영어 때문에 못한다면 얼마나 답답할까?

왜 전 국민이 영어를 해야 하냐? 각기 다른 장점을 키워가고 영어는 꼭 필요한 사람들만 잘하면 되는 것 아니냐? 이런 주장에 현혹되지 말자. 그런 주장을 하는 사람들이 여러분의 인생을 책임져 주지 않는다는 점을 명심하자. 그들이 여러분이 취직 못해 고민할 때 대안을 주지 못한다. 여러분이 바라는 일을 영어실력의 부족으로 인해 하지 못하고 날개가 꺾일때 그들은 침묵하고 외면한다. 명심하자 능력을 쌓고 나서 그다음 자기가 할 말을 주장해야 그 주장이 빛을 발한다. 능력 없는 사람의 주장은 더 이상 주장이 아니다. 비겁한 자기 합리화일 뿐이다. 사람들은 그런 사람들을 뒤에서 조용히 비웃을 뿐이다.

다시 한 번 말한다. 영어의 달인이 되자. 세상을 보는 눈이 달라진다. 세상이 당신을 보는 눈이 달라진다. 세상을 쫓아다니고 허덕이지 말자. 영어의 달인, 그에게는 이미 세상이 그의 두 손 안에 있다.

The world is in your hands!

이제는 나도 토익달인

부족한 글을 끝까지 읽어 주신 독자 여러분께 진심으로 감사드린다. 아무쪼록 이 글을 읽고 영어에 대한 불타는 의지가 활활 타오르길 진정으로 바란다. 그리고 그 마음이 오늘 내일만 존재하는 것이 아니어야 한다. 꺼지지 않는 횃불이 되어 결심을 실천하고 정말 영어 잘하는 사람이 되길 간절히 바란다. 이에 몇 가지 실천 방안을 제시하고자 한다.

첫째, 오늘 당장 시작하라.

어떤 사람들은 '에이, 벌써 11월? 올해 다 갔으니까 내년 1월 1일부터 시작해야지!' 이런 사람들도 사실 많다. 아니다. 늘 오늘이 1월 1일이어야 한다. 오늘 하지 않으면 내일부터 하기도 힘들다. 그리고 내일이면 다시 1월 1일인 것이다. 매일매일을 한 해를 시작하는 마음으로 정성껏 시작하고 유지해 가야 한다. 명심하자 오늘부터 바로 시작이다!

둘째, 빨리 그리고 여러 번 반복하라.

내가 강조하고 또 강조하는 부분이다. 잘 모르겠다 싶어도 무조건 끝까지 가라. 정말 내가 이렇게 모르는데 계속 진도를 나가도 되는가 하고 불안한가? 날 믿어라. 그 상태여도 상관없다. 무조건 끝까지 가야 한다. 설령 책의 10~20퍼센트만 이해했더라도 말이다. 대부분의 사람들이 공부를 어려워하는 것은 바로 책의 앞부분만 봤기 때문이다. 모든 것은 서로 연관성이 있다. 그 연관된 내용을 아직 모르니 당연히 이해가 안 가는 것이다. 명심하자. 앞부분이 이해가 안 가는 것은 내가 돌머리여서가 아니다. 뒤를 모르니 앞이 이해가 안 가는 것이다. 제발 책은 끝까지 봐라. 내 책이 아니어도, 내 강의가 아니어도 좋다. 본인에게 믿음이 가는 책과 강의를 택해서 끝까지 봐라. 끝까지 보고 한 번 더 보고 또 보는 사이 그 책과 그 강의가 좋아지게 될 것이다. 그렇게 반복해서 '아, 이것이 이래서 이랬구나. 어? 이게 저거랑 관련이 있었네?' 이런 말들이 스스로 입에서 나올 정도가 되어야 한다.

셋째, 영어랑 애인 하자.

애인 대하듯 해야 한다. 매일매일 봐야 하고 매일매일 말해야 한다. 영어는 하루라도 만나지 않으면 신기할 정도로, 금세 멀어진다. 문법, 독해, 단어, 리스닝을 골고루 매일 만나야 한다. 한글로 해석된 문장을 영어로 말해 봐야 한다 그것도 큰 소리로. 내가 지금 하고 있는 행동들을 혼잣말로라도 스시로 영어로 말해야 한다. 만약 하고 싶은 말을 영어로 못하면 그걸 영어로 어떻게 표현하는지 끝까지 찾아봐야 한다. 밖에서 우연히 본 영어단어의 뜻을 모르면 집에 오자마자 그 단어의 뜻을 찾는 일이 완전히 몸에 배어 있어야 한다. 그 단어를 모르면 궁금해 미치겠는 경지가 되어야 한다. TV를 봐도 책을 봐도 영어에 푹 빠져야 한다. 이렇게 영어에 노출되는 시간을 하루에 1시간이 아니라 10시간 이상으로 늘려야 한다. 저절로 어학연수나 유학 온 효과를 누리게 된다.

너무 많은 것을 말하면 머릿속에 남지 않으니 가장 중요하다고 생각하는 3가지를 간추려 보았다. 이는 내가 실천해 왔고 지금도 늘 실천하는 3가지다. 여러분도 이 3가지를 책상 앞에 써 붙여 두자. 언제? 지금 당장!!

이 3가지를 꾸준히 실천하고도 영어가 안 된다? 내게 항의해도 좋다. 개인과외를 해서라도 영어를 정복하게 해 주겠다. 자신한다. 이 3가지를 진심으로 실천하고도 안 될 리가 없다. 부디 꼭 실천하고 '선생님 덕에 영어 정복했어요.^^'. 이런 글 한 줄씩만 남겨 주면 좋겠다. 아니, 나를 잊고 '다 내가 열심히 해서 이렇게 된 거지!' 하고 스스로를 칭찬해도 좋다. 그저 일선에 있는 영어 교육자로서 여러분이 꿈꾸는 일이 영어로 인해 좌절하고 스트레스받는 일이 없는 그런 날이 오길 진심으로 바랄 뿐이다. 나는 오늘도 그런 사람이 한 사람도 생기지 않도록 기도하며 집을 나선다.

See you at the top!
정상에서 만납시다!

에필로그

영어의 정상에서 만납시다

    이 책을 집필하면서 오히려 내가 더 많이 배우고 깨달은 것 같다. 솔직히 그냥 '별거 있어? 열심히 하는 거지.'라고 쉽게 생각해 왔던 영어에 대한 생각을 정확하게 정리하고 체계적으로 독자 분들에게 전달할 수 있어서 나에게도 도움이 되었다.

    조금 더 먼저 영어학습의 길을 걸었고, 좀 더 먼저 고민했고, 좀 더 먼저 그 고민들을 헤쳐 나갔던 선각자로서 여러분에게 나의 이야기를 들려 드려야겠다고 생각했다. 원래부터 영어권 국가에서 살아서 잘하게 된 사람이 아니라 순수하게 국내에서만 공부하여 영어를 정복한 사람으로서의 이야기를 들려주고 싶었다. 이런 내가 걸어온 길이 바로 여러분들이 걸어 갈 길이다. 그걸 이 책에서 남김없이 모두 밝혔다. 이를 통해 여러분은 조금 더 영어에 가까워지고 영어를 어떻게 공부해야 효과적인지를 깨달았으리라고 믿는다. 나와 마찬가지로 '그냥 열심히 하는 거지.'라고 생각하셨던 분들도 좀 더 구체적인 실천방안 좀 더 효과적인 행동법을 알게 되었으리라 믿는다.

다시 한 번 강조하지만 제일 중요한 것은 여러분의 마음가짐이다. 영어를 즐거운 마음으로 대하고 스스로 부지런히 학습하는 그 태도가 성공의 열쇠인 것이다. 이 기본 마음만 굳게 유지하면 나머지 실천방법은 저절로 잘 실천하지 될 것이다.

부디 여러분 자신도 영어를 잘 배워 나가시고 아울러 여러분의 자녀들에게도 올바른 영어학습법을 전수하고 함께 공부하는 여러분이 되시길 바란다. 궁극적으로는 우리의 지금 이런 노력들이 모이고 도여서 우리나라가 더욱 세계 속에 굳건하게 서는 데 일익이 되었으면 한다. 머지않은 미래에 다른 나라 사람들이 우리말을 배우고 싶어 안달하고 고민하고 할 때를 꿈꿔 본다. 그것은 바로 지금 현재를 부지런히 살아가고 미래를 준비하는 우리들에게 주어질 달콤한 열매다.

우리 모두 '정상'에서 만납시다.

마음 속 깊은 감사함을 전합니다.

토익달인 정상의 영어공부법

펴낸날	초판 1쇄 2010년 7월 27일
	초판 6쇄 2014년 1월 15일

지은이	정 상
펴낸이	심만수
펴낸곳	(주)살림출판사
출판등록	1989년 11월 1일 제9-210호

주소	경기도 파주시 문발동 522-1
전화	031-955-1350 팩스 031-624-1356
기획·편집	031-955-4665
홈페이지	http://www.sallimbooks.com
이메일	book@sallimbooks.com

ISBN   978-89-522-1473-7   13740

※ 값은 뒤표지에 있습니다.
※ 잘못 만들어진 책은 구입하신 서점에서 바꾸어 드립니다.